なぜ、あなたの指示は伝わらないのか？

メンバーの力を最大限に引き出す
「伝え方」「**任せ方**」のコツ

しゅうマナビジネス

WAVE出版

はじめに——なぜ、仕事がデキる人は「人を動かす」のが苦手なのか？

あなたは、
部下やチームメンバーが
思った通りに動いてくれなくて、
イライラしたり、困ったり
したことはありませんか？

「言った通りにやるだけなのに、
何でできないの？」

「同じミスを繰り返してばかり、
何回言ったらわかるんだ！」

「何でもっと自発的に
動いてくれないの？」

「どうして自分で考えて
解決しようとしないんだ？」

「もっと責任感を持ってやってくれよ！」

「これだったら
自分でやったほうが早いのでは？」

自分の仕事が認められ、下にメンバーがつくようになったら、自分1人が成果を出すのではなく、チーム全体として成果を出すことが求められるようになります。

うまくメンバーを使って成果を出したいけれど、どうすれば自分の思った通りに動いてくれるかわからない。なので結局、「今週中に出さないといけないから、何としてでもやってくれ！」と理屈や地位で動かすことになるものの、「もっと良い方法があればいいのに」と悩んでしまいがちです。

優秀な人は、あれこれと悩むことなく仕事ができるので、その成果が認められてリーダーになることが多いです。しかし、優秀であるにもかかわらず、なぜリーダーになると壁に突き当たってしまう人が多いのでしょうか？

理由は、優秀であるがゆえに無意識の領域で仕事ができてしまうからです。

たとえば、普通の人であれば3日かかる仕事をあなたは1日で終えられるとします。周りから「えっ、何で1日でできたの!?」と聞かれても「いや別に、普通に仕事しただけだよ」とできた理由を言語化できません。自分としては、特別何かを意識して取り組んだわけではなく、自然にできてしまったからです。

この周囲との能力のギャップこそがリーダーになったときにぶつかる壁の正体です。

ここで自己紹介をさせてください。私は「マナビジネス」というYouTubeチャンネルを運営している、しゅうと申します。

現在、大手総合系コンサルティングファームに10年以上勤務し、クライアント企業の経営課題を解決する支援や、社内向けにコンサルタントの育成をしています。

私が運営している「マナビジネス」は「学び＋ビジネス」というコンセプトで、リーダーシップ、プレゼンテーション、思考法といった仕事術関連の動画を発信しています。

私が仕事術について発信するようになったのは、私自身がもともと「仕事ができない人」だったからです。

仕事は遅い、自分で考えるのが苦手、あがり症のため人前でうまく話せない、学歴も高くないので知識もあまりない、おまけにスキルも足りない——そのため、これまでものすごく苦労してきました。いわゆる「仕事がデキる人」とは正反対だったため、若手の頃は上司から冒頭のような言葉（言った通りにやるだけなのに、何でそんなこともできないんだ！）をよく投げかけられていました。

自分の仕事が認められるようになるまでに時間がかかりましたが、リーダーになってからは、メンバーを動かすのにあまり苦労したことはありません。理由は、もともと自分自身が「仕事ができない人」だったので、まだ仕事が一人前にできないメンバーたちの気持ちがよく理解できたからです。

ただ、自分の経験や勘だけでリーダーは務まらないと思い、前職のＩＴベンダー在職時に大規模プロジェクトのリーダーを任されたのをきっかけに、プロジェクトマネジメントを学びました。20年近く前にはなりますが、ＩＰＡ(情報処理推進機構)のプロジェクトマネージャ試験や、アメリカの非営利団体ＰＭＩ（Project Management Institute）のＰＭＰ®(Project Management Professional）の資格を取得し、「チームをどのようにマネジメントするか」「どうすればチームを成功に導くことができるか」を体系的に学びました。

それ以降、前職ではチームのリーダーとしてシステム開発プロジェクトに参画したり、現在のコンサルティングファームに転職してからも、１～10名のメンバーを率いて年商数兆円～数千億円の上場企業向けにコンサルティングサービスを提供しています。

若い頃に仕事ができなかったからこそ、自分自身が苦労した体験や体系的に学んだ知識を提供することで、多くのビジネスパーソンの成長にお役に立てるのではないかという思いから「マナビジネス」を立ち上げ、ノウハウを言語化して発信しています。

本書の内容についても、私自身のこれまでの経験が元になっています。人を動かすためには、指示の出し方・伝え方、リーダーとしての考え方だけでは不十分です。メンバーの作業をどのように管理し、チームとして最大限のパフォーマンスを上げるためにはどういった仕組みを構築するべきかを知る必要があります。そういった内容を、理想論にならないように、できるだけ具体的なノウハウとして解説しています。

第1章では、指示をしてもリーダーが思った通りに仕事ができないチームメンバーについて、「なぜ指示した通りに動かないのか？」の原因を解説します。その原因に気づいていただいた上で、第2章と第3章では、メンバーを動かすための「良い指示」と「ダメな指示」の違い、「どうしても指示を出すのが苦手」というメンタルの克服方法について解説します。

メンバーに対して的確に指示を出せるようになったとしても、それ自体がゴールではありません。そこで、第4章でリーダーとしてメンバーをサポートするために管理すべきことをお伝えした上で、第5章ではメンバーが報告・連絡・相談しやすくなるコミュニケーションの仕組みの作り方を解説します。

最後の第6章では、リーダーとメンバーが「指示する／指示される」といった主従関係ではなく、「指示なし」でもメンバーが動いてくれる自走型チームの作り方について解説します。

本書ではリーダーが直面している「指示が伝わらない」という問題の解決法から、メンバーが自走する「理想のチーム」の作り方までを解説しました。今リーダーとして苦労されている方、これからリーダーとして成長したいといった方にご活用いただけたら幸いです。

ぜひ最後までお読みいただき、今日から仕事の現場で実践してみてください。

目次

第2章　「伝わる指示」と「伝わらない指示」の違い

第3章 「指示出しが苦手！」を克服する

第4章　指示の効果を劇的に上げる作業管理とコミュニケーションのコツ

第5章 メンバーが活性化するコミュニケーションの仕組みづくり

第6章　「指示なし」で回るチームになる！

ブックデザイン　bookwall
カバー&本文イラスト　まーる
本文DTP&図版制作　近藤真史
校正　滝田 恵
編集&プロデュース　貝瀬裕一（MXエンジニアリング）

第1章

「指示通りできない」は、すべてリーダーの責任

あなたの指示が伝わらない理由

どんなに仕事ができる人でも、1人でできる仕事の量には限界があります。1人でできる仕事量の限界を1としたとき、2人のチームでできる仕事の量は普通に考えると1＋1で2です。しかし、チームとして仕事をすることで1＋1が2ではなく、3や4、あるいは10の仕事ができてしまうこともあります。こうしたレバレッジを効かせることができるのが、チームで仕事をすることの最大のメリットです。

チームが最大限のパフォーマンスを発揮するために最も重要なのがリーダーのパフォーマンスです。リーダーがメンバーに対して適切なマネジメントを行なうことで、1＋1が3になることもあれば、0・5にしかならないこともあります。ですから、「いかにしてメンバーを動かすか」は、リーダーに求められる重要なスキルの1つです。

……と、こんな正論（？）が書かれた本を私もこれまでたくさん読んできました。でも実際にリーダーとして、メンバーに対して指示をしても思った通りに動いてはくれないし、こちらが要求したアウトプットも出てきません。仕事ができないメンバーが一定数いる中で、リーダーだけが責任を負うというのも、いささか不公平な気がします。

私が初めてリーダーとして仕事をしたのは、前職のエンジニア時代です。まだ20代の頃でしたが、なかなかメンバーが思ったように動いてくれず、かなり苦労しました。

・「わかりました」と返事だけは元気がいいものの、何もわかっていないメンバー
・「何で私がしないとダメなんですか？」と仕事を引き受けたがらないメンバー
・真面目だけれど、いつも考えすぎてしまって、全然アウトプットが出てこないメンバー

私の考えをくみ取って自ら考えて行動する人がいる一方で、「わかりやすく何度も説明をしているのに、また同じことを聞いてくる」「丁寧に伝えても想定通りのアウトプットが出てこない」といったメンバーが何人もいました。

こうしたメンバーがいると、「指示に時間を費やすくらいなら、自分でやったほうが早い」と思ってしまいますよね。私がリーダーになったばかりの頃は、メンバーに一定レベルまで作業してもらってから最後は自分で巻き取って仕上げていました。

ただ、このようにリーダーが仕事を巻き取るようにしてしまうと、メンバーはますます働かなくなります。

「できなくてもどうせ最後にリーダーが巻き取ってくれるしな」
「すぐにできる仕事だけれど、期日ギリギリまで引っ張ってゆっくりやろう」
「リーダーから次の指示がくるまではヒマだしサボっていよう」

このような「どうせ〇〇人間」「利己的人間」「指示待ち人間」が量産されてしまうのです。

私が仕事を巻き取ってしまったことで彼らが手を動かさなくなり、ますます私自身が忙しくなるという悪循環におちいっていました。部下は上司を選べないことを揶揄《やゆ》して「上司ガチャ」といいますが、当時の私は「部下ガチャに外れた」と思いながら、毎日終電近くまで残業していました。

なぜメンバーは指示通りに動けないのか？

こちらが言った通りに動いてくれない、こちらの意図を正しく理解してくれない――リーダーが「仕事ができない」と思うチームメンバーたちは、どうして指示通りに動いてくれないのでしょうか？

原因として、次の3つが考えられます。

原因①　指示に対する理解が乏しい

原因②　指示内容に対する知識・経験が乏しい

原因③　作業に対するモチベーションが低い

1つずつ見ていきましょう。

原因① 指示に対する理解が乏しい

たとえば、あなたが「来週に会議の設定をしてほしい」とメンバーにお願いしたら、「会議室を押さえて招集メールを送る」という行動しかしてもらえなかったとします。ここで、あなたがやってもらいたかった「会議設定」とは次の行動です。

- **開催時期、参加者、アジェンダを確認する**
- **参加予定者のスケジュールを確認する**
- **参加予定者のスケジュールの空きを探して候補日時を出す**
- **予定が合わない参加者に調整可能かを確認する**
- **開催日時を決定する**
- **会議室を押さえ、会議の招集メールを送る**

「会議室を押さえておいて」という指示ではなく「会議の設定をしておいて」という指示なので、このような一連の準備をしてもらいたいと思っていました。しかし、メンバーは「会議設定＝会議室を押さえて会議招集メールを送ること」と理解してしまったため、あなたの指示通りの作業ができませんでした。

あなたからすると「会議設定の手順を1から10まで教えないといけないの？　小学生じゃないんだから」と思ってしまうでしょうが、相手が指示を正しく理解していないと、こうした「自分が思っていた通りに動いてくれない」が頻繁に起こってしまいます。

原因②　指示内容に対する知識・経験が乏しい

リーダーがメンバーに仕事を依頼する場合、その人の成長を期待して、やや難易度の高い作業を依頼することがあります。しかし、そのメンバーには作業に関する知識、経験、スキルなどが不足しているため、「やります！」と引き受けたまではよかったものの、その後、リーダーに何の報告もしないまま時間がすぎてしまったり、そもそも「どういった順序で作業を進めればよいか？」というタスクの組み立て方がわからず、何から手をつければよいか迷ってしまうことがあります。

リーダーの立場からすると「わからないことがあっても、自分で調べて試行錯誤してほしい」という気持ちになりますが、具体的に何から取り組めばよいのかがわからず、中には「これは私の仕事ではない」とあきらめてしまうメンバーや、「○○さんに頼めばいいのに、何で私に指示してくるの？」と不満を漏らすメンバーもいます。

また、親切なリーダーであれば依頼時に「わからないことがあったら何でも聞いてよ」と伝えているにもかかわらず、まったく質問にこなかったりします。こうしたメンバーの知識、経験、理解力、向上心などが乏しいことによって、リーダーの思った通りに動いてくれないということはよくあります。

原因③　作業に対するモチベーションが低い

これはメンバーが「やらされ仕事」と感じてしまうパターンです。仕事は楽しいものばかりではありません。中にはかなりの労力がかかってしまうものや「本当にこれをやる意味はあるの？」と思ってしまう雑用まで、さまざまです。

最初は意識高く取り組んでいたメンバーも、「やらされ仕事」ばかりだとモチベーションが低下し、1つ1つの作業が面倒になってしまいます。作業に対するモチベーションが低いと、集中できないため、クオリティも落ちてしまいます。

このように3つの原因をご紹介しましたが、これらはほんの一例です。リーダーとしては思った通りの行動をメンバーに取ってもらえず、ときにはイライラしてしまうこともあるでしょう。特に、こうした仕事ができないメンバーに対しては、

「ちゃんと考えて行動しろ！」
「もっと自分で勉強しておけ！」
「もっとモチベーション上げろ！」

などと、つい言ってしまいそうになります。でも、こうしたことを言うだけで相手が変わってくれるのであれば、リーダーが苦労することはありません。おそらく皆さんも、こんなことを言ったら、相手はますますやる気を失い、パフォーマンスも落ちてしまうだろうと考えるはずです。

ここまで仕事ができないメンバーの特徴について述べましたが、1つ気になることがあります。もしかしたら私と同じようなことを感じている方もおられるのではないでしょうか。

「そもそも、彼らは本当に仕事ができないのか？」

たとえば、「原因①　指示に対する理解が乏しい」ですが、ある程度の期間ずっと一緒に仕事をしてきて、リーダーの指示が具体的に何を指しているかが即座にわかる人であれば「会議を設定しておいて」と一言伝えるだけで、リーダーが意図する「会議設定」の中身通りに、参加メンバーのスケジュール調整から会議招集までのすべてをやってくれるかもしれません。

あるいは、メンバーの知識や経験が不足しているようなタスクについても、未経験の分野に関する仕事の進め方を「メンバー自身が考えることができる」と想定して指示を出しています。しかし、よく考えると、最初から自分でタスクを組み立てられる人はそう多くはないはずです。教科書に書かれていて知識があればできることと、教科書には書かれていない経験でしか身につけられないこととでは大きな違いがあります。

また、メンバー自身はそれなりに考えたり、スキルアップに励んでいるにもかかわらず、「ちゃんと考えて行動しろ!」とか「もっと自分で勉強しろ!」と言われることで、本人のモチベーションが低下してしまうのは自然なことなのではないでしょうか。

確かに、中には「本当に仕事ができない」メンバーもいます。ただ多くの場合、**メンバーのパフォーマンスが発揮されない原因は、指示を出すリーダーの側にあります。**

他責思考を捨てて自責思考に切り替える

リーダーが指示した通りにメンバーが行動してくれないのはなぜでしょうか？

「意図を理解できない」「知識や経験が浅い」「モチベーションが低い」など、ついメンバーのせいにしてしまいがちです。でも、少し発想を変えてみてください。

「理解力が乏しいメンバーにも理解できるように伝えられているか？」

「知識や経験が浅いメンバーに対して、無理難題を押しつけてはいないか？」

「強い口調や相手を見下す発言で、メンバーのモチベーションを下げてしまっていないか？」

「指示をする」とは「人を動かす」ことです。しかし、そもそも人は思った通りに動いてはくれません。では、なぜ動いてくれないのでしょうか？

その原因を考える際に、「原因は相手にあるのか？」、それとも「自分に原因があるのか？」を考えることで、何を改善すべきかがわかるようになります。

健全な人は、相手を変えようとせず、自分が変わる。
不健全な人は、相手を操作し、変えようとする。

これはアドラー心理学で有名なアルフレッド・アドラーが残した言葉です。

自分の指示通りに相手が動いてくれなかったとき、原因が相手にあると考える人は、「相手が悪い」、つまり「相手が変わってくれないとうまくいかない」と考えてしまいがちです。

しかしこの考え方だと、相手が変わらない限り自分の指示通りに動いてくれることはありません、相手を変えるのは簡単なことではありません。

もしあなたが今後リーダーとして、メンバーと一緒に成果を出したいと思うのであれば、こう考えるべきです。

「うまくいかないすべての原因は自分にある」

つまり、メンバーが自分の指示通りに動いてくれないときに、「自分の指示内容や伝え方、そのときどきの振る舞い方に問題があるからではないか？」と考える。そして自分自身が考えや行動を改めようとするのです。

では、先ほどの例にあったメンバーの問題について、リーダーはどうすればよいのかを具体的に見ていきましょう。

①「指示に対する理解が乏しい」メンバーへの対応

「来週に会議の設定をしてほしい」という指示に対して、会議室を押さえて会議招集メールを送るという仕事しかしてもらえなかった。

これはリーダーの「一般的に考える会議設定」とメンバーの「一般的に考える会議設定」の認識に食い違いが生じているために起こってしまったことです。

リーダーにとっては、「参加者の予定を確認し、適切な日時を調整して決めるまでが会議の設定」と考えるのが当然かもしれません。しかし、指示されたメンバーにとっては、「会議を設定しておいて」というリーダーからの指示にそこまでの意図が含まれていることをまだ理解していないだけなのかもしれません。または、別の人からの「会議を設定してほしい」という指示では、会議室を押さえて会議招集メールを送ることで問題なかったのかもしれません。

つまり、リーダーが意図を十分に伝えないまま「会議を設定してほしい」とだけ指示したために、お互いの「設定」という言葉に対する認識にズレが生じて、リーダーは「こちらの意図をまったく理解してくれない、仕事ができないやつ」と感じ、一方メンバーは「そういう意図があるならメンバーの予定を調整してと言えばいいのに」と感じてしまいます。

原因がリーダー自身にあると考えるのであれば、こうした認識のズレが生じないように、作業を指示する時点で、メンバーの予定を確認して調整してもらうことまで伝えるべきだったのかもしれません。

②「指示内容に対する知識・経験が乏しい」メンバーへの対応

リーダーには、仕事の成果を上げることだけではなく、メンバーの成長に責任を持つことも求められます。ですから、そのメンバーの現時点のスキルよりも少し難易度が高い作業をお願いすること自体は間違ってはいません。

たとえば、「クライアントに提出する提案書の1ページとして、自社のこれまでの実績を入れたいので、その資料を作ってほしい」と指示したときは「わかりました！」と言って数時間で持ってきてくれた。そこで今回は難易度を上げて、提案書のパーツではなく、全体を作ってもらおうと思って「クライアントに提出する提案書を作ってほしい」と指示をしたものの、何日たっても提案書のイメージがあがってこない。指示したときは、「わかりました！」と元気良く返事をしてくれたのだが……。

このように、少し難易度を上げただけで、メンバーが反応しなくなったり、急にパフォーマンスが落ちたりすることがあります。

こんなときメンバーは「何からどう進めていけばいいのだろうか？」とか「リーダーに質問したいけれど、何を聞けばいいのだろうか？」と考えたりしています。

リーダーとしてもあえて難しい指示を出しているとわかっており、だからこそ、依頼するときに「わからないことがあったら何でも聞いてね」と伝えています。それにもかかわらず、何も質問をしてこない。こうした状況になってしまうと、お手上げです。彼らが現在どのような状況で、何に困っていて、なぜ質問してくれないのかが理解できない――そんな困った状態になってしまいます。

こうした状態は、メンバー側に問題があるのだとすれば、「何でもっと向上心を持って、自主的に動いてくれないの？」と考えてしまいがちです。しかし、「本当にメンバーだけの問題なのか？」と考えてみてください。

リーダーの側にも原因があるとすれば、次のように考えることもできます。

・メンバーにとって難易度が高い指示なのであれば、作業のポイントや手順など、相手が詰まりそうなところを丁寧に説明する必要があったのでは？

・「ほかのメンバーではなく、なぜあなたにお願いしたのか？」など、目的や意図を正しく伝える必要があったのでは？

・「何でも聞いてよ」とは言ったものの、いつも忙しそうに振る舞ってしまったり、イライラして機嫌悪そうに振る舞っていて聞きづらいオーラを出していたのでは？

・「作業が進んでいないので報告しづらい」という気持ちをくみ取って、こちらからコミュニケーションを取るべきだったのでは？

このようにリーダーとしてもできることがあったはずです。

③「作業に対するモチベーションが低い」メンバーへの対応

ここで私が過去に経験したプロジェクトのことをお話しします。

リーダーがお客様とスケジュール的にかなり無理がある契約を交わしてしまったせいで、限られた納期の中で、毎日終電帰り、土日も仕事で、人としてまともな生活を送れなかったような経験をしたことがあります。

プロジェクトのメンバーは30人ほどいましたが、上司の怒声が飛び交う毎日で皆のモチベーションは低く、当時はハラスメントへの配慮や働き方改革のような考えが浸透していなかったこともあり、残業、徹夜、休日出勤が当たり前という働き方をしていました。

メンバーが自ら主体的に動くことを求められず、ただ言われたことだけをやる、いわゆる「やらされ仕事」では、メンバーのモチベーションを維持することはできません。実際に私が経験したこのプロジェクトは、結局、納期から3カ月遅れで作業が完了したのですが、メンバーの約3分の1がこのプロジェクトが原因で退職しました。

どのような仕事であっても「やらされ仕事」は楽しくありません。多くのリーダーは「メンバーにはもっと主体性を持って動いてほしい」とよく言いますが、一方的に指示され、考えたら文句を言われ、作業をしたら「違う」と言われるようなことが続いたら、主体性はどんどん失われてしまうでしょう。

原因がリーダー自身にあると考えるのであれば、リーダーの指示や言動がメンバーの主体性を奪ったり、モチベーションを下げてしまっていないでしょうか？　いま一度、自分自身を疑ってみる必要があるかもしれません。

なぜ「指示待ち人間」が増えるのか？

繰り返しになりますが、もし「うちのメンバーは全然自分から行動しない指示待ち人間ばかりだ」と感じているのであれば、まず「リーダーである自分の指示や言動が、メンバーの主体性を奪い、モチベーションを下げてしまっているのではないだろうか？」と疑ってください。

確かに、「経験が浅いため、リーダーに指示してもらえないと動けない」とか「もともと向上心がなく、指示を待つほうがラク」だと考えるメンバーもいるでしょう。

ただ、一方でリーダー自身が指示待ち人間を量産している可能性も否定し切れません。

かつて私も、リーダーの対応にストレスを感じて、指示待ち人間になってしまった経験があります。コンサル業界に転職して3年目に新しいプロジェクトに加わったときのことです。

コンサル業界では、よく「プロアクティブに行動しろ」と言われます。プロアクティブとは、指示や依頼を待つのではなく、状況を先読みして行動することです。つまり「コンサルは自ら主体的に動かないと仕事がもらえないよ」ということを意味します。

そのため、私はプロジェクトに参加した最初の頃は、指示を待つのではなく、自ら行動して考えながら仕事を進めていました。新しいプロジェクトのリーダーは頭がものすごく切れる方で、メンバーの行動をある程度掌握した上で、細かく指示を出していきます。メンバーの作業1つ1つを細かく管理する、いわゆる「マイクロマネジメント」をするタイプでした。

これは持論ですが、プロアクティブに行動をするタイプのメンバーと、マイクロマネジメントをするタイプのリーダーとでは、相性がまったく良くないと思っています。

プロアクティブに行動する人は、プロジェクト全体の状況や、クライアントの状況を見て、自ら最適な行動を考え、リーダーに提案します。私も最初は「お客様の理解を得られていないから、詳細資料を作成したほうがいいんじゃないですか？」とか「先方の上司との会話前に、関係部署と会話しておいたほうがいいと思います」などと、気づいたことを積極的に提案するようにしていました。

しかし、そのときのリーダーの対応は次のようなものでした。

「何でそんなムダなことをしようとするの？　まったく意味ないじゃん」

「そんなことより私が頼んだ資料はどうなったの？」
「好き勝手に行動する前に、言われたことをちゃんとやってもらわないと」
「しょうもないこと考えるヒマあったら、タスク山積みなんだからそれを先にやってよ！」

プロジェクトのためにより良い方法を提案しても、リーダーが最初に考えていた構想からズレるような提案や意見は軒並み却下。つまりリーダーの想定通りでない限り、提案が受け入れられることはありませんでした。じっくり時間をかけて考えた提案が「しょうもないこと」のひと言で片づけられてしまうと、正直考える気が失せてしまいます。

それよりも気になったのが、このリーダーのマイクロマネジメント。次の言葉はほかのメンバーに対して投げかけられた言葉の一部です。

「10時までに出せって言ったのに、何で出てこないの？」
「ここの表現変えとけって言ったのに、何でできてないの？」
「資料を何枚増やすつもり？　3枚にまとめろって言ったじゃん」

とにかく指示が細かい。指示通りにやらないとメンバーを叱る。言われた通りに言われたことをやらないといけない。こうなるとメンバーの「ロボット化」が始まってしまいます。

本当は「C↓B↓A」という順序で作業をしたほうが効率的ですが、リーダーが「A↓B↓Cの順番でやれ」と言ったら、何も考えずにリーダーの言われた通りにやる。そのほうが叱られずラクだからです。

リーダーがメンバーを叱ったり、メンバーの提案や考えを否定したり無視したりすることが続くと、メンバーは「どうせ考えてもムダ」「あの人には自分の考えが通用しない」などと思うようになってしまい、自分の頭で考えなくなります。指示待ち人間の完成です。

リーダーが「メンバーに問題がある」と思っている限り、「あいつらは自分で考えないで指示を待ってばかり。本当に主体性のない奴らだ」と考えてしまいがちです。しかし、メンバーは自分の頭で考えられないわけではありません。

実は、指示待ち人間が増えてしまう一番の原因はリーダーの対応にあります。

- **メンバーには、まず自分の指示通りに動いてもらうことが前提**
- **自分と異なる提案、考えが出てきたら、即座に却下してしまう**
- **自分の思い通りにいかないと、細かいところにまで口出ししてしまう**

こうしたロボット化を推進する言動が、指示待ち人間を量産してしまうのです。

実は、このリーダーがチームを率いるようになってから、組織内の離職率が急増しました。結局そのリーダーが私たちのチームを率いたのは1年だけで、翌年からはコンサル部門から外され、別部門に異動することになりました。

頭が切れる人だったので、昇進スピードは速かったのですが、リーダーとしての考え方や協調性についての認識がメンバーとは違いすぎたために、メンバーの信頼を得られないまま、わずか1年で去ることになりました。

指示が下手なリーダーは自分自身とチームをつぶす

「メンバーが思った通りに仕事をしてくれない」のは、「メンバーの能力が低い」ことだけが原因ではなく、「リーダーの指示の仕方に問題がある可能性もある」、だから「まず発想を転換することが必要」とお伝えしました。この発想の転換ができないと、リーダーの仕事は本当に苦しくなります。

まず、**いつまでも自分の仕事が減りません。**チームの理想の状態は、個々のメンバーが高いパフォーマンスを発揮し、リーダーは自分にしかできない作業に注力できる状態です。

そうなるためには、メンバーはリーダーからの指示を適切に把握し、自ら取るべき行動を考えて主体的に行動することが求められます。指示が適切でないと、リーダーとメンバーとの間で認識のズレが発生してしまいます。

たとえば、「方向性を決めて早く仕事を進めるために資料は手書きで簡潔に書いてほしいと思っていたのに、パワーポイントを使って丁寧に資料を作ろうとしていた」とか、「お客様に説明する前に関連部署と合意を取っておきたかったのに、合意を取らないままお客様に説明してしまった」など、指示が適切に伝わらないことによって、本来必要のなかったコミュニケーションの工数がかかってしまいます。

何度かコミュニケーションを取ることで、リーダーの意図がメンバーに伝わればいいのですが、なかなか伝わらなかったり、指示通りに行動してもらえない場合、リーダーは自分の仕事をあと回しにしてでも、メンバーの作業を巻き取ったり、一緒に作業しなければならなくなります。

また、メンバーの作業クオリティが信用できなくなってしまうと、指示したタスクについて「締め切りがズレてしまわないか?」とか「想定通りのアウトプットを出してくれるか?」などと気になってしまい、マイクロマネジメントをしたくなってしまいます。

理想は「リーダー自身が本来やるべき仕事(チーム全体のマネジメントや戦略立案など)に注力する」ことなのに、現実には「仕事ができないメンバーの作業を巻き取る」や「メンバー1人1人とのコミュニケーションや作業管理に時間と労力を割く」ことが発生するため、リーダーの作業負荷はどんどん増えてしまいます。

作業を巻き取るだけならまだ負荷は少ないかもしれません。しかし、リーダーがロボット化（マイクロマネジメント）を推進した結果、指示待ち人間が増えてしまうと、さらにリーダーの作業負荷が増えてしまいます。どのようなことが増えるでしょうか？

たとえば、資料作成を指示されたメンバーは、自分で考えることをやめて、リーダーの考え通りの行動を取ろうとします。その結果、次のような質問が大量に寄せられます。


「資料の枠組みはこれでいいですか？」

「1枚1枚のスライドの流れのイメージは合ってますか？」

「このスライドのタイトルはこれでいいですか？」

「メッセージに使用する文言はこれでいいですか？」

「ここで表現する3つのポイントですが、認識は合ってますか？」

「言葉の表現はこれで伝わりますか？」

「ここで句読点を打ったほうがいいですか？」

「強調は赤文字がいいですか？　それとも下線がいいですか？」


本来であればメンバーとは大きな方向性だけ認識を合わせておき、細かい部分はメンバー自身に考えてもらって作成するのが理想です。しかし、リーダーが細かい部分にまで指摘するようになってしまった結果、メンバーは自分で考えることをやめて、リーダーの頭の中との「答え合わせ」を始めてしまいます。資料全体の構成・枠組みから始まり、一字一句の文言や句読点の使い方まで、リーダーの考えとズレていると指摘されるという面倒くささから、できるだけリーダーの考えに沿わせようとします。**結果出来上がるのが、質問・指示待ちの行列です。**

リーダーは1つ1つの質問に対して「合っている」「間違っている」「ここはこういう文言に変更してほしい」などと対応しなければなりません。

こうしたひっきりなしの質問は間違いなくリーダーの作業時間を奪います。これがまだメンバーが少数であれば、それほど時間を割かれることはないでしょう。ところが、メンバーが増えれば増えるほど、リーダーにかかる負荷は大きくなります。

そしてその結果どうなるか？

リーダーなしではまったく機能しないチームの完成です。リーダーがいない限りチームが機能することがありません。正確に言うと、ある程度は機能しますが、作業が進めば進むほど指示待ち人間が行列を作りはじめます。こうしたリーダーに頼った属人的な組織は、動ける身体はメンバーの人数分ありますが、考える頭脳はリーダー1人分しかありません。そのため本来チーム全員でアイデアを出し合って、シナジー効果が期待されるようなクリエイティブな仕事はできませんし、1＋1が3や4にはなりません。

結果、リーダー自身の作業はまったく減ることがなく、チームとしても十分に機能しないため大きな成果を得られません。さらに、メンバーは指示通り動くだけの指示待ち人間になってしまって大きく疲弊し、モチベーションも下がり退職者も増えるという、負のスパイラルに巻き込まれます。

このように、メンバーに対してうまく指示が出せないリーダーは、チームに良い循環をもたらすことができず、結果として自分自身もチームもうまくいかないといった結果を生んでしまうのです。

常に「指示は適切か？」を問い続ける

では、どうすれば理想的なチームを実現できるのでしょうか？

どうすればチームのメンバーが自ら考えて主体的に動けるようになるのでしょうか？

その最初の一歩となるのが「適切な指示」です。

メンバーは「自ら考えて動いてほしい」と言われても、目的地はどこで、目的地に到達するための手段が何で、期日がいつなのかがわかりません。メンバー自身に考えてもらうためには、まずリーダーは目的や指示内容を具体的に伝え、仕事の全体像を理解してもらう必要があります。

指示が適切に伝わったかどうかは、メンバーの行動やアウトプットを見てみないとわかりません。ただ、完成したアウトプットを見て「思っていたものと違う」となってしまうと手戻りが大きくなります。なのでリーダーはメンバーにアウトプットを出してもらう過程において、適度にコミュニケーションを取る必要があります。

たとえば、「指示がどこまで伝わったのか？」「説明が足りなかったところはどこか？」「認識がズレているところはどこか？」――作業の途中でメンバーと何度か会話することでそうしたズレを早い段階で見つけ出し、より良い方向へと軌道修正します。

メンバーとの信頼関係が浅い間は、10の仕事をしてもらうのに、リーダーが1から10までのすべてを伝えないといけないかもしれません。しかし、メンバーが仕事の目的や行動するときのコツを理解して、自ら考えて行動できるようになれば、1を伝えるだけで10の行動をしてもらえるようになるかもしれません。

このように、指示の難易度や粒度、伝え方をメンバーの成長度合いに合わせることで、メンバーも自分で考えながら少しずつ成長していくことができます。

メンバー1人1人が自分で考えて動けるようになると、チームとしてより高いパフォーマンスを発揮することが期待できます。また、リーダー対メンバーだけではなく、メンバー間でも協働できるようになってくると、リーダー不在でも自ら考えて動くチームになり、これまでの指示待ち人間ばかりの状態から大きく変化します。

つまり「指示→管理→育成→成果」といったサイクルが生まれることでリーダーに対

する会社からの評価も上がるようになります。

リーダーシップのあり方を見直す

自走するチームを育成するためには、リーダー自身がポジションを柔軟に変えていかなければなりません。

これまでのリーダーのイメージといえば三角形の頂点でした（46ページ図1参照）。リーダーは三角形の頂点に立ち、上から下に対してトップダウンで指示を出してメンバーを引っ張っていく「支配型リーダーシップ」です。「チームを引っ張る」という最も理想的な形ではあるものの、「メンバーはリーダーの指示に服従しなければいけない」という上下関係が発生するため、先ほどのような指示待ち人間を量産してしまうデメリットもあります。

一方でメンバーが自ら主体的に考え、さまざまな意見を出したり、行動したりするためには、チームの心理的安全性を高めることが重要になります。その場合、リーダーは逆三角形の一番下、つまり縁の下の力持ちのように、メンバーのバックアップに回る「支援型リーダーシップ」が求められます。

メンバーが主体的に行動するときには、どうしてもミスや失敗を恐れてしまいます。「失

敗を恐れるあまり行動できない」「リスクを避けて指示を待つ」という状態にならないよう
にチームを底から支え、メンバーが仕事をしやすい状態にするタイプのリーダーシップです。

ただ一方で、下から支えるだけだと、「チームがどこに向かうべきなのか？」「重要な意思決定の際にはどちらを選択するのか？」といった判断は、メンバーだけではできません。なので、リーダーはときには三角形の頂点に立ってチームを牽引しつつ、その一方でメンバーが安心して作業ができるように支援する「ハイブリッド型」のリーダーシップが理想的だと私は考えます。

- **支配型リーダーシップ：三角形の頂点からチームメンバーを牽引する**
- **支援型リーダーシップ：逆三角形の底からチームメンバーを支える**
- **ハイブリッド型リーダーシップ：ときにはチームを先導し、ときにはチームを支援する**

出した指示の効果を最大限に高めるには、ときにはチームを引っ張ってリーダーシップを発揮し、ときにはチームを底から支える縁の下の力持ちになる――このように立ち位置を柔軟に変化させることが現在のリーダーには不可欠です。こうしたリーダーシップのあるべき姿については、第6章で詳しく解説します。

図1　3つのリーダーシップ

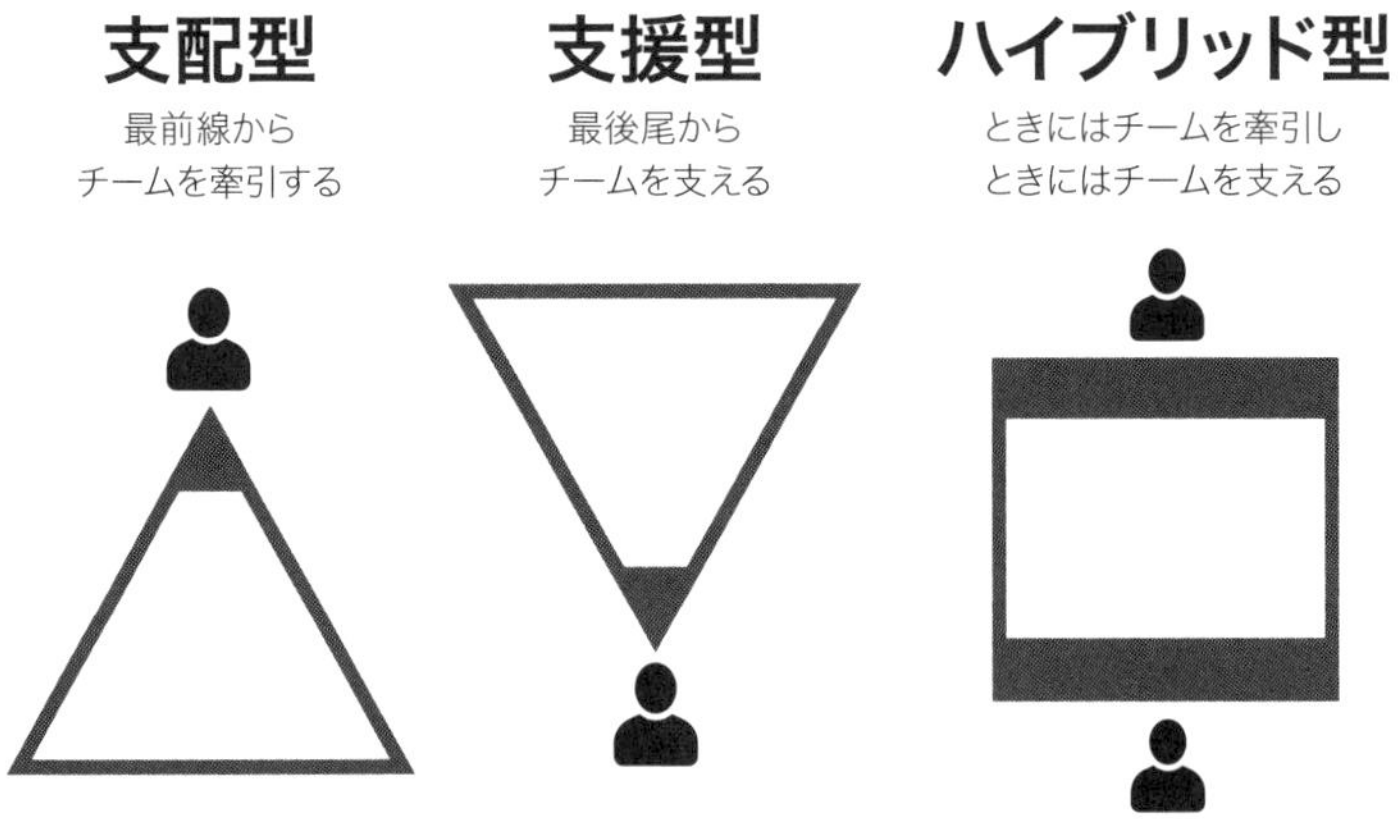
支配型
最前線から
チームを牽引する
支援型
最後尾から
チームを支える
ハイブリッド型
ときにはチームを牽引し
ときにはチームを支える

リーダーシップのあるべき姿を解説する前に、まずは実際の仕事の現場でメンバーと十分なコミュニケーションを取り、信頼関係を構築しながら、チームをあるべき方向に進めることが必要です。

次の章からはもっと踏み込んで、「どのような指示なら伝わるのか（あるいは伝わらないのか）」「指示を伝えるためにリーダーはどのように行動すればいいのか」といった具体的なノウハウを解説します。

第2章
「伝わる指示」と「伝わらない指示」の違い

相手ではなく、自分を変える

これまで私も「リーダーの指示がメンバーに適切に伝わらない」「伝わっているはずなのに思った通りの行動をしてくれない」といったことを、たくさん経験してきました。

これまでさまざまなプロジェクトを経験しましたが、中には私と経験の浅いスタッフの2人で回した仕事もありました。プロジェクトメンバーのAさんは、システム開発会社からの転職組。年齢は私と近く、当時30代後半でしたが、コンサルティング業務の経験が乏しかったため、「アソシエイト」という未経験者につけられる役職として入社してきました。私はほかのプロジェクトもかけ持ちしていたので、「私が指示をして、Aさんが作業をする」体制でプロジェクトを進めていました。

Aさんは真面目でコツコツと仕事をするタイプ。基本的に誠実で物腰が柔らかいので、性格的な問題はまったくありません。しかし、仕事の飲み込みが遅く、私がお願いした資料もなかなか出てこないし、説明が支離滅裂で、何が言いたいのかまったく理解できません。そして何よりも言葉の言い間違いやミスが多すぎました。

最初はよかったのですが、あまりにひどいので私は少しずつイライラしてきて、「何でこんなに仕事ができない人がコンサル業界にやってきたんだ」と、Aさんをかなり見下すようになってしまいました。

たとえば、「経理部長に状況を報告する必要があるから、これまでの状況を1枚にまとめてほしい」といった指示に対して、提出してきた資料は8枚。しかも内容が整理されておらず、時系列で起こったことが延々と書かれているだけでした。

最初の頃は私もグッとガマンして、丁寧に対応していたのですが、「思った通りに作業してもらえない」ストレスが積み重なった結果、ついに「あのさ、この資料を部長に延々と読み上げるわけ？　状況を書き出すだけだったら、誰でもできるよね？」といった具合に、イライラして語気を強めながら指摘するようになってしまったのです。

真面目なAさんは「本当に申し訳ありません」と謝るばかり。こうしたことが続き、少しずつギクシャクした関係になってしまいました。

私は当時所属していた組織のトップ（パートナー）に「Aさんは使えないのでほかの人と

交代してください」と相談しました。しかし、パートナーからは「今はほかのプロジェクトでも人が足りなくて、代わりに出せる人も経験の浅いメンバーしかいないよ。たぶん、ほかのメンバーにチェンジしても、また一から教えないといけないし、Aさんも入社したばかりでまだ頼りないと思うけれど、少しずつ今のプロジェクトのことを理解してくれているはずだから、ちょっと見方を変えて、彼を育てるつもりで面倒をみてやってほしい」と言われました。

Aさんは真面目だし、人柄はものすごくいい。それは間違いなかったのですが、あまりに今の仕事に合っていないと思われたので、お互いのためにも交代したほうがいいと思っていました。とはいえ、このままの状態が続くと、私自身イライラの限界に達してしまいそうでした。そこで、Aさんには申し訳ないと思いながらも、次のように接することにしました。

「何も知らない新入社員と仕事をするつもりで指示をする」

Aさんは転職組だったため、それなりに社会人経験があり、年齢も私と近いこともあって、勝手に「自分が思ったレベルで行動してくれるはずだ」と思い込んでいたのです。

そこで、頭を切り替えて「自分のAさんに対する期待が高すぎて、実力以上のレベルの行動を要求していたのではないか」と仮説を立てました。

Aさん自身も「自分が変わらないといけない」「私の期待に応えないといけない」と思っていたようです。そうした真面目な性格がかえって災いして、大きなプレッシャーを感じて、焦ってミスを連発したり、タスクが重なると頭が混乱してテンパってしまうといった状態になっていたのです。

彼に期待しすぎるのではなく、私の指示の出し方と彼の行動に対する受け止め方を変えないと、今の状況は打破できないと思い、私自身の行動を見直し、少しずつ変えました。
たとえば、先ほどのような資料作成については、次のように指示するようにしました。

「経理部長に状況を説明することになって、資料を1枚にまとめる必要があるんだけど、資料を【発生した問題】【原因】【今後の対策】の3つに分けて、まず箇条書きでいいので、それぞれの内容を書いて明日の朝に一度見せてくれる？」

このように、できるだけ私の期待に沿ったアウトプットがもらえるように、内容をなるべく具体的に指示するようにしたのです。

また、「アウトプットができたら報告」ではなく、朝と夕方に会話の時間を設け、その時点での作業状況、困っていること、悩んでいることなどを聞くようにしました。

この方法を採用しても、Aさんからの質問のポイントがズレていたり、考えてもらった対策が問題の解決につながっていないなどの細かい問題はありました。しかし、少しずつAさんは自分の頭で考えられるようになり、ミスも少しずつ減ってきました。成長に時間はかかったものの、「どういった状況でミスが起きやすいか？　それを防止するにはどうすればいいか？」と対策できるようにもなりました。

実はそれまで、私の中に「コンサルタントはこう動くべきだ」と勝手なイメージがあって、「コンサル＝自分の頭で考えて、自ら主体的に動くものだ」と思い込んでいました。そのため、こうした進め方には最初は違和感があったのですが、相手の理解度やレベルに合わせて適切に指示を出すことが大切であることや、相手の理解力だけに頼るのではなく指示内容を相手の受け取り方に合わせて柔軟に変えることが効果的であることに気づくことができました。

自分が出した指示が相手に伝わらないのは、自分自身の指示の出し方の問題。

リーダーは、まずこの意識を持つことから始め、自分自身が変わる必要があるのです。

「ダメな指示」と「適切な指示」の違い

私はこうした指示の出し方の問題に気づくのにかなりの時間を費やしてしまいました。「指示が伝わらないのは受け取る側の知識やスキルが足りないからだ。相手にもっと努力してスキルアップしてもらう必要がある」と考えていても、相手はすぐには変わってくれません。

いくら優秀な人材であっても、指示の出し方によってダメになってしまうし、知識やスキルが足りない人材であっても、うまく指示することで、自ら考えて動いてくれるようになります。

ここでは、「こうした指示をしてしまうと相手は動いてくれない」といった「ダメな指示」と、「どういう指示の出し方が適切なのか」という解決策を二項対立の形でご紹介します。

指示が伝わらないのは相手の理解力の問題

⇕指示が伝わらないのは自分の指示の出し方の問題

こちらは、先ほどのAさんの事例です。私はAさんに対して「これくらい理解してやってくれるだろう」と、Aさんに対して過度な期待をして、指示を出していました。

「自分が何かしらの指示をしたら、メンバーはその指示を理解し、その通りに作業するのが当たり前。自分より知識や経験は浅いといってもコンサルになったわけだし、指示も難しいものではないから、考えればできるだろう」——こうした他責思考ではなく、お互いのコミュニケーションの問題として、「自分にも指示内容や伝え方に問題はなかったか？」と考え、相手に期待するのではなく、まず「リーダーがメンバーに寄り添う形で適切な指示を出す」ことが大事だとすでにお伝えしました。

では、さっそく「ダメな指示」と「適切な指示」を見ていきましょう。

①×バケツリレー型指示 ⇕ ○クッション型指示

メンバーに対する指示は、社内の上層部やお客様から発生し、リーダーを通じてメンバーに伝えられるのが普通です。たとえば、お客様からの「今週中にここからここまでの作業を完成させて納品してほしい」とか、上司からの「こういった趣旨の資料をまとめてきてほしい」といった指示・依頼を、まずリーダーが受け取り、その後リーダーからメンバーに具体的な作業指示が伝えられます。

リーダーは、お客様や上司からの依頼を、整理した上で各メンバーに作業を指示する必要があります。しかし、ダメなリーダーは、依頼をバケツリレーのように、そのままメンバーに丸投げしてしまいます。ひどいときにはリーダー自身がお客様や上司からの依頼の内容を十分に理解していないことがあり、メンバーから「これはやる意味があるのですか？」と質問されても「客（上）に言われたんだから仕方ないだろう！」などと答えたりします。すると、メンバーは理不尽だと感じたり、丸投げされたことで「これを整理するのがリーダーの仕事なのでは？」と不信感を抱いたりします。

お客様や上司からの依頼は、メンバーにとっては知識や経験が不足していて難易度が高いものが多く、そのまま丸投げされても十分な成果をあげられない可能性があります。そこで大切になるのが、指示・依頼をそのまま丸投げする「バケツリレー型」ではなく、リーダーが緩衝材としての役割を果たす「クッション型」の指示です。

たとえば、お客様から「今週中にここからここまでの作業を完成させて提出してほしい」と依頼されたとします。バケツリレー型の指示だと、メンバーに「今週中に、ここからここまでやっておいてね」と丸投げになってしまいます。

一方クッション型の指示の場合は、依頼内容をリーダー自身が咀嚼《そしゃく》して、適切な指示に変換してからメンバーに伝えます。

では、お客様や上司から依頼を受けたらリーダーはどのように対応すればいいのでしょうか？　その一例として、ここでは3つのステップをご紹介します。

(1)依頼内容を具体的に理解する
(2)依頼内容を実行するためのタスクを整理する
(3)整理したタスクの難易度を見積もり、期日を添えてメンバーに依頼する

それぞれ見ていきましょう。

(1)依頼内容を具体的に理解する

たとえば、お客様や上司から、あなたのチームに対して仕事の指示・依頼があったとします。このときあなたは「どのような依頼か？」「なぜそれが必要なのか？」「いつまでに必要なのか？」といった相手の要望を具体的に理解する必要があります。

もしかしたら、その場で対応できるかもしれません。あるいは、相手が何のためにそれを依頼しているのかを確認することで、もっと良い方法が見つかるかもしれません。お客様や上司など立場が上の人から依頼されると、つい自動的に引き受けてしまいがちです。しかし、まずは「何を依頼されたのか」をきちんと理解した上で「本当に受けるべきかどうか」を判断することが重要です。

また、内容によっては言われたまま引き受けず、相手に再検討してもらったり、チームの状況を踏まえてどこまで受けられるかを返答します。

(2) 依頼内容を実行するためのタスクを整理する

お客様からの依頼内容には「会議で見た資料を送付してほしい」といった単純なレベルのものがある一方で、「金額を見積もってほしい」など、依頼内容が抽象的であったり、いくつかの作業に分解する必要があるものもあります。

このように「大きなかたまり」の作業を依頼された場合は、リーダー自身がタスクを整理するか、別の有識者に整理してもらうなど「大きなかたまりを分解して具体的なタスクに落とし込む」作業が発生します。

バケツリレー型指示をするリーダーは、こうした前段階の作業を行なわずにメンバーに丸投げしてしまいます。すでにその仕事を経験したことがあるメンバーに依頼する場合であれば、大きなかたまりのままで指示をしても、メンバー自身で分解してタスクに落とし込んでくれるでしょう。ところが、具体的な行動をイメージできない経験の浅いメンバーに大きなかたまりをそのまま渡しても、メンバーは何をしてよいのかがわからず、思考停止状態におちいってしまうでしょう。

(3) 整理したタスクの難易度を見積もり、期日を添えてメンバーに依頼する

大きなかたまりを具体的なタスクに落とし込んだ上で、誰に何を依頼するかを考え、各メンバーに依頼します。このときメンバーが今抱えている作業の状況を踏まえた上で、タスクの優先度や重要性などを伝え、期日とともに依頼します。

期日を指定しておかないと、自ら優先順位をつけられないメンバーは「急ぎでお願い」と言われたら「ほかの作業をあと回しにして最優先でやるべき」と解釈してしまいますし、「なるべく早く持ってきて」と言われると、今やっている作業とどちらを優先してよいのかがわからなくなってしまいます。ですから「来週お客様に提出する前にチェックしておきたいから、木曜日までに見せてくれる?」など具体的な期日を提示しましょう。

ここでご紹介した3つのステップはあくまで一例ですが、このようにして依頼内容を咀嚼し、メンバーに依頼していきます。重要なことは、リーダーはチームに依頼された仕事をメンバーに丸投げするのではなく、「クッションとしてのリーダーとしての役割」をきちんと

果たした上で、メンバーに依頼することです。

メンバーによっては、すでに多くの作業を抱えていて忙しいということもよくあります。お客様や上層部からの緊急の依頼を受けた場合、それをそのままメンバーに丸投げしてしまうのは、リーダーとしての管理能力に問題があると言わざるを得ません。

「メンバーの状況を考えると今は受けるべきではない」と判断したら、依頼者に事情を説明して断ったり、締め切りを延ばしてもらう。また、どうしても受けなければいけないのであれば、現在メンバーが担当しているほかの業務が遅れることなどを伝えます。このように、組織やプロジェクトを最適な方向に導くのがリーダーのあるべき姿です。

余談ですが、私が若手だった頃、一度この「バケツリレー型上司」に当たってしまったことがあります。お客様からの依頼内容はすべて私に丸投げ。すでにほかの作業で手いっぱいで余裕がないのに、どんどんバケツが回ってくる。まったくクッションの役割してくれないリーダーに対して、私はずっと「あなたの存在価値は何？」と苦々しく思いながら仕事をしていました。

ちなみに、この「バケツリレー型」の対極にいるのが、先ほど紹介した「マイクロマネジメント型」のリーダーです。こちらは私なりの表現で言うと、クッションではなくロジカルモンスターです。もともと1つだった上層部やお客様からの指示を数百個の細かい指示に分解して、それぞれに対してこと細かく指示してくるので、ある意味バケツリレー型よりも面倒です。

メンバーにとっては丸投げも困りますし、かといって細かすぎるのも困ります。さじ加減が難しいですが、メンバーに対してどこまで関与すべきかも本書でしっかり解説します。

②×手段優先型指示 ⇕ ○目的優先型指示

メンバーに出す指示の中には「明日までに取引先との交渉履歴を整理しておいて」とか「今週中にこれまでの売上推移をまとめておいて」というものがあります。こうした指示を出すことはよくあると思います。しかし、指示されたメンバーは「何のために取引先との交渉履歴を整理しないといけないのか？」「なぜこれまでの売上推移を今週中にまとめておかないといけないのか？」といった理由が理解できているでしょうか？

リーダーがよくやってしまいがちなダメな指示に「手段優先型指示」があります。

たとえば、次のような指示です。

「〇〇さんに、この資料を送っておいて」

「この資料には△△という言葉は使わずに××という言葉を使って表現して」

「この課題管理表に『現状』列と『問題点』列を追加してほしい」


このように、取るべき行動を具体的に示すだけの指示です。


では、この指示のどこがダメなのでしょうか？

「〇〇さんに資料を送る」「△△という言葉ではなく××という言葉を使う」「課題管理表に列を追加する」といった指示は、内容が具体的で一見何も問題ないように思えます。メンバーもこのように指示されると、何の疑問も抱かずに作業ができます。では、何が問題なのかというと、この「何の疑問も抱かずに作業ができてしまう」こと自体が問題なのです。


行動が具体的でわかりやすい手段優先型指示が続くと、メンバーはどうなってしまうでしょうか？

まずリーダーから言われたことを着実に実施することはできます。指示が具体的なので、ミスをする頻度も減り、その時点では仕事はうまく回るでしょう。こうしたメリットがある半面、言われたことをそのまま実行するだけなので、自ら考えて行動する頻度が減ります。

つまり、リーダーの指示に疑問を抱いたり、別の良い方法があっても、「この方法より、こっちのほうが良くないですか？」と提案することがなくなります。
リーダーが手段優先型指示を続けることで、思考停止人間が増えてしまうのです。
「するべき作業や行動はリーダーがすべて考えてくれる」ため、メンバーはリーダーの言われた通りにさえやっていれば一定の評価をされますし、自ら考えなくてもいいので非常にラクです。リーダーのほうも、自分が思った通りに行動をしてもらえるので、仕事をやりやすいですし、説明やサポートなどに時間を費やす必要がないのでラクです。

しかし、思考停止人間が増えるということは、指示待ち人間がそれだけ増えてしまうということです。つまり、何をすればいいかを自分で考えないので「お客様からこう言われたんですけど、どうすればいいですか？」「ここまでできました。次の指示をお願いします」といったように、リーダーの指示なしでは行動できなくなってしまいます。

こうしたリーダーの指示なしでは行動できなくなってしまう「手段優先型指示」に対して、本来あるべき姿として「目的優先型指示」を紹介します。１つ１つの作業を具体的に指示する前に、その作業の目的、つまり「何のためにその作業をするのか？」をメンバーに伝えておくことで、

- **指示した作業にどのような意味があるのか?**
- **なぜその作業が必要なのか?**
- **なぜその日までに完成させないといけないのか?**

という作業の意味やメンバー自身の役割が明確になります。

たとえば、あなたが自宅で家族が料理を作るのを手伝っていたとします。家族から次々と指示をされます。

「ごはんを炊いてくれる?」
「肉と野菜を一口大に切ってくれる?」
「切った肉と野菜を炒めてくれる?」

きっとあなたは次の質問をするはずです。

「何の料理を作るの?」

あらかじめ作る料理がわかっていれば、ごはんを炊いたり、肉や野菜を切って炒めるという作業を何のために行なうのかが明らかになるので、やりやすいですよね。

同様に、仕事の場合も事前に「今からカレーを作るよ」などと目的(=ゴール)を伝えた上で、1つ1つの作業を指示するほうが、指示を受ける側がその作業の必要性を理解しながら進めることができるはずです。

指示を伝えるときには「その作業の目的」をセットで伝えることが非常に重要です。

先に目的を伝えることのメリットは2つあります。

1つは**「作業のモチベーションが上がる」**ことです。どんな作業であれ、何のためにやっているのかわからないものほど、つまらないものはありません。ここで、よく知られている「3人のレンガ職人」という話をご紹介します。ご存じの方も多いでしょう。

世界を回っている旅人がある町を歩いていると、とある男が険しい顔をしてレンガを積んでいた。旅人は「ここでいったい何をしているのですか？」と尋ねると、男は「見りゃわかるだろ、レンガ積みに決まってる。朝から晩までレンガばかり積まされて、何でこんなことをしないといけないのか。まったくツイてないね。」とひび割れた汚れた両手を旅人に差し出して見せた。

もう少し歩くと、別の男が一所懸命レンガを積んでいた。旅人は「ここでいったい何をしているのですか？」と尋ねると、男は「大きな壁を作ってるんだ。大変だけど家族を養っているからこうして仕事があるだけでもありがたい。」と答えた。

またさらに歩くと、別の男が活き活きと楽しそうにレンガを積んでいた。旅人は「ここでいったい何をしているのですか？」と尋ねると、男は「俺のことかい？　俺たちはいま、歴史に残る偉大な大聖堂を造ってるんだ。ここで多くの人が祝福を受け、悲しみを払うんだ。素晴らしいだろう！」と答えた。

旅人は男にお礼の言葉を残して、また歩き続けた。

出典：「3人目のレンガ職人でいる大切さ！」
(https://www.town.meiwa.gunma.jp/material/files/group/2/chouchoukoramu61.pdf)

このように、同じ「レンガを積む」でも、目的がわかっているか、わかっていないかで作業に対する姿勢や取り組み方、モチベーションが大きく変わります。

目的が見えない仕事は「どこまで進めればゴールなのかがわからない」「ほかにどんな仕事を振られるかがわからない」といった、先の見えない不安などから、なかなかモチベーションを維持できません。目的（＝ゴール）がわかれば、モチベーションを維持したり、上げることができます。

「目的優先型指示」のもう1つのメリットは**「自分の頭で考えるきっかけが得られる」**ことです。

たとえば、61ページの例「明日までに取引先との交渉履歴を整理しておいて」という指示の目的として「取引先へのプレゼンを実施する前に、社内で戦略会議をするんだ」ということを伝えることで、優秀なメンバーであれば「取引先との交渉履歴も重要ですが、取引先の財務状況、キーパーソンの情報もあると、より具体的な作戦を練ることができると思うのですが、いかがでしょうか？」などと提案してくれる可能性があります。

目的と手段の関係性は、まず最初に目的があり、その目的を達成するために手段があるという順序になります。

「大阪でイベントに参加するから東京から大阪に行かないといけない」という目的があった場合「新幹線で移動する」が手段になります。

ここで手段優先型の指示では「新幹線で大阪まで移動してほしい」となり、目的優先型の指示では「大阪でのイベントに参加する」ので「新幹線で大阪まで移動してほしい」となります。ここでの目的は「イベントに参加すること」であって「新幹線に乗ること」ではありません。もし飛行機で移動したほうが時間や費用を削減できるなら飛行機で大阪に行っても問題ありませんし、そもそもオンラインでイベントに参加できるのであれば、移動にかかる費用と時間を削減することも可能です。

このようにリーダーはチームメンバーに対して「目的を伝えるようにする」ことを心がけ、メンバー側は「その目的を実現するための手段を考える」といった関係性ができれば、「リーダーの指示は絶対ではない。より良い方法があればリーダーに提案できる」というサイクルが生まれるようになります。

リーダーなしでは動けないチームを作るか、それともメンバー自らが考えて行動できるチームを作るか。その違いは、目的優先型で伝えられるかどうかで決まります。

作業を依頼するときには目的もセットで伝える。

常にこの意識を持つようにしてください。

〈例外的に手段優先型指示が有効な場面〉

ちなみに、私の経験上1つだけ「作業優先型指示」が有効な場面があります。それは「トラブルが発生している緊急時」です。

私は前職のエンジニア時代も含め、コンサル業界に入ってからも導入されたシステムのサポートをしている時期がありました。システムはネットワークの障害やプログラムの不具合など、問題が発生すると正常に動作しないことがあります。

以前、私のチームが構築した会計システムが、お客様の決算作業中に動かなくなったことがありました。お客様は年商数千億円の上場企業で、決算の結果は決められた日数で開示しなければいけないので、スケジュールの遅れは絶対に許されません。ですから、「システムが動かなくなる」というトラブルをすぐに解決させる必要がありました。

当時システム障害が発生したとき、お客様の事務所には私たちの会社から常駐しているメンバーが1人いて対応に当たっていました。私は当時出張からの帰りで移動中でしたが、メンバーからトラブルの連絡を受け、対応を求められていました。

こうしたトラブルのときには、まずどのような問題が起きているのか、事象を明確にし、その事象が起きている原因を発見し、「初動対応」を行ないます。初動対応とは、根本的に問題を解決する前に、トラブルが起こっている部分だけを切り離してシステム全体を止めないようにしたり、ほかの問題を誘発させないようにする応急処置のことです。

こうした一連の作業にはある程度の経験が必要です。トラブルを回避するという目的のために経験が浅いメンバーが自ら考えて試行錯誤するよりも、一刻も早い解決が望まれる場面では、具体的な作業指示を伝えないと問題が広がってしまう可能性があります。

このとき私は、メンバーとの電話のやり取りの中で、発生している事象を報告してもらい、状況を1つ1つ確認しながら、初動対応を指示できたことでトラブルの影響を最小限に抑えることができました。

このように例外的に作業優先型指示が有効な場面もありますが、基本的にはメンバーには目的もセットで伝えるということが、次に解説する「自分の頭で考える」ことにもつながります。

③×手足を使う指示 ⇔ ○頭を使う指示

作業指示をするときには、目的を伝えることも重要ですが、「相手の理解度によって作業をどこまで具体的に伝えるか」を考えることも重要です。

先ほど「目的をセットで伝えることで、目の前の作業が何のためにするものなのかが明確になり、メンバーにとってはモチベーションや自分の頭で考えるきっかけになる」とお伝えしました。

しかし指示内容が、61ページで紹介したような「考えなくても手足を動かせば簡単にできてしまう」ものだったらどうでしょうか？

「○○さんに、この資料を送っておいて」
「この資料には△△という言葉は使わずに××という言葉を使って表現してほしい」
「この課題管理表に『現状』列と『問題点』列を追加してほしい」

こうした具体的「すぎる」指示は、いくら目的を伝えていても自分の頭で考えることにはつながりません。

作業を分解し、メンバーが考えなくてもできるレベルにまで落とし込むのは、正直言って「やりすぎ」です。私がロジカルモンスターと呼んだ「マイクロマネジメント型」のリーダーに近い進め方です。

メンバーが自ら考えて、自走できるチームを作るためには**「指示する作業の中に、必ずメンバー自身に考えてもらう要素を含める」**ことが重要です。

たとえば、資料の修正を指示するときに、「この資料には△△という言葉は使わずに××という言葉を使って表現してくれ」だと、「××という言葉」はリーダーが意図した表現であり、メンバーの仕事は文字を変換するだけになってしまいます。

これを「△△という言葉は、お客様にとっては難しすぎる表現なので、もう少し噛み砕いたわかりやすい表現に変更してほしい」という伝え方にすると、「△△という言葉をわかりやすく言い換えると、どのような表現が適切だろうか？」と、メンバーが自分の頭で考えるようになります。

リーダーは、自分の頭の中に「××」という表現を答えとして持っていますが、メンバー自身に考えてもらうことで「××」という表現を自力で引き出してもらったり、もっとわかりやすい表現を考えてもらえるようになります。

こうした「**メンバー自身に考えてもらう**」ことが「**裁量を与える**」**ということです**。つまり、10の作業がある場合、メンバーに1から10まで指示するのではなく、7〜8の指示をして残りの2〜3は自分で考えてもらいます。

メンバーに裁量を与えることで、リーダー自身の負荷が軽くなると同時に、メンバー自身が考えて行動できるようになります。ただ、このときに大事になるのが「裁量をどこまで与えるか」です。

与える裁量によって、指示の仕方、具体性も変わってきます。

たとえば、役員報告のための資料を作成する場面において、構成から考えてもらうパターンから、ある程度の構成はリーダーの側で考えてから個別のスライドを考えてもらうパターンまで、さまざまな段階があります。

（裁量を与える・抽象的な指示）

「今度、役員報告があるから資料を作ってくれる？」

↓

「今度、役員報告があるので、【現在の状況】【課題と対策】【今後の問題点】のセクションに分けてそれぞれ資料を作ってくれる？」

↓

「今度、役員報告があるので、【現在の状況】セクションに、この3カ月の取り組みを1枚のスライドにまとめてくれる？」

（裁量を与えない・具体的な指示）

このように、どこまで裁量を与えるかは、誰に依頼するかによって変わります。

これまで役員報告資料を作成した経験があり「やっておいて、お願い」と伝えるだけで済む中堅以上のメンバーは、ほぼ全権を与える抽象的な指示で動いてもらえます（むしろ、定期的な報告資料であれば、指示しなくても自ら動いてくれます）。

しかし、経験が浅いメンバーに指示するときは、構成から考えてもらうよりも、ある程度の流れはリーダーのほうで準備しておいてから、各スライドを作成してもらうほうが効率的です。こうした相手のレベル、経験値、スキルによってどこまで依頼するのかを見極めることが重要です。

特に、これからメンバーを育てるという観点から考えると「今できるレベル」ではなく「少しチャレンジングなレベル」を考えてもらうことで、より大きな成長が期待できます。このような場合に、リーダーは「指示しておしまい」ではなく、メンバーがゴールに辿り着けるように作業をサポートすることが大切です。

メンバーにとって「次の段階に進む」ということは、「次の段階のレベルの仕事ができるようになる」ことです。今のレベルに合った仕事ではなく、メンバーの次のレベルに求められる仕事ができるような指示の仕方を工夫してみてください。

④×命令形で指示をする ⇕ ○依頼形で指示をする

メンバーに「どのメンバーにどこまで裁量を与えるか」が整理できたら、次に大切なのは「伝え方」です。

せっかくメンバーのことを考えて、適切なレベルの作業をしてもらおうとしているのに、言い方1つでメンバーの受け取り方は大きく変わります。

さて、私は本書の中で「上司」「部下」という表現ではなく、「リーダー」「メンバー」という表現を用いてきました。その理由は、どちらの立場が上だ、下だというのではなく、あくまでそれぞれに与えられた役割の違いだけであって、関係性はフラットであるべきだと考えているからです。

上司のほうが経験や実績も豊富なのは間違いありません。だからこそ、報酬や役職などの面で部下よりも十分に良い待遇を受けています。組織として考えた場合、そうした役割の違いはあれど、どのメンバーも人としては平等でお互いが尊重し合える関係性が望ましいと私は考えています。

中には「上司の命令は絶対だ」とか「部下は上司の指示に従うべきだ」といった超縦割りの組織があります。そういった組織では、上司が部下を尊重して発言することは少なく「部下は上司の言う通りに動くもの」という考えが染みついているので、どうしても指示が命令口調になってしまいます。

こうした文化が組織の根本にあると、部下のほうも「上司の指示は絶対に言われた通りにやらなければいけない」と考えるため、「自ら考えて行動をすることができない」「上司に嫌われないことを前提に動く」となりがちです。また、そもそも「上司に怒られるのが怖い」という心理的安全性が保たれていない状態では、部下が本来持っている能力を十分に活用できないことも考えられます。

これまで私がコンサルティング会社で見てきた命令口調のリーダーには、次の2つのタイプがいます。

1つはメンバーを統率してグイグイ引っ張っていく、「俺についてこい」というタイプのリーダーです。こうしたリーダーは責任感もあり、メンバーもそのリーダーについていこうと思っている場合が多く、チームはリーダーを中心にうまく回っています。

ただ「俺についてこい」という進め方には賛否があり、リーダーと同じ考えや価値観を持っているメンバーからは慕われますが、価値観が異なるメンバーからは「やりづらい」という声があがることもあります。

もう1つのタイプは、自分は知識や経験があるからという理由で、ほかのメンバーを見下してマウントを取ろうとするリーダーです。確かに専門性は高く、発言も的を射ているのですが、メンバーの状況や気持ちをあまり考慮せず、指示も場当たり的なものが多かったりします。そのためメンバーがものすごく苦労してしまい、モチベーションも下がってしまいがちです。

いずれにしても、「相手のことを認めていない、尊重していない」という意識は、命令の際の強い口調に表れます。

グーグルの研究によると、「効率的なチーム」とは何かを考えた際、まず最初に挙げられるのが、メンバーがリスクを取ることを安全だと感じ、お互いに対して弱い部分もさらけ出せる「心理的安全性」だそうです。

次に挙げられるのが、自分以外のメンバーが仕事を高いクオリティで時間内に仕上げてくれると感じている「相互信頼」とされています。

つまり、リーダーから信頼されず、リーダーに怒られないように仕事をするという働き方は心理的安全性や相互信頼がない状態ということです。

命令口調のすべてが悪いわけではありませんが、メンバーの働きやすさを考慮すると、指示の伝え方は命令口調よりも、「相手を尊重して依頼する」伝え方のほうがよいでしょう。

また、ある民間企業による別の調査によると、Z世代の価値観として、「フラットな関係を重視する」傾向が強いそうです。これは仕事においても、「上司↓部下」という縦の関係ではなく、同じ組織・チームという横の関係を大事にするという価値観で、お互いを尊重し合い助け合うことを重視するということです。

ですから、伝え方1つでメンバーの受け取り方は大きく変わります。

ここでは「命令形で指示をする⇔依頼形で指示をする」と対比しましたが、その根底にある**「メンバーの心理的安全性が保たれ、リーダーとメンバーがお互いに尊重し合える関係」**を意識して伝えることが重要です。

まず伝え方として「この仕事をやれ」ではなく「この仕事、お願いできる？」といった表現の工夫が必要です。ただ「お互いに尊重し合える関係」を意識して伝えようとすると、ただ依頼するだけではなく「この分野は君の力で何とかしてほしい」「私よりもスキルが高いのでぜひお願いしたい」「君の将来やりたい○○の仕事につながるからぜひチャレンジしてもらいたい」といったように、リーダー自身がオープンになり、相手を尊重した依頼ができれば、多少無理なリクエストであっても、メンバーは喜んで仕事を引き受けてくれるでしょう。

⑤×空中戦での指示 ⇕ ○地上戦での指示

作業を依頼するときには、作業内容の説明の方法にも注意する必要があります。

たとえば、メンバーに次のような指示をしたとします。

「経営層と事業本部、各部・課と階層に分けて、それぞれにもたらすメリット・デメリットを整理してほしい」

すでに頭の中でイメージが描けているリーダーは「この説明だけで整理できるだろう」と思ってしまいがちです。しかし、指示されたメンバーは「どのようなイメージの資料が求められているのだろう？」と、資料の全体像がイメージできないことがあります。

もちろんこうした場面であっても、優秀なメンバーであれば、資料のイメージを考え、あとで手戻りが起きないように早めにリーダーと認識をすり合わせてくれるでしょう。しかし、多くのメンバーは、言われた指示の内容を十分に理解できないまま資料作成に取りかかるので、作成に時間がかかってしまったり、リーダーが想定していたのとはまったく異なるアウトプットが出てくる場合があります。

皆さんもメンバーからのアウトプットに対して「自分が思っていたものと違う！」となってしまった経験があるのではないでしょうか？　このような結果になってしまう原因の1つに、指示が口頭だけの「空中戦での指示」になっていることが考えられます。

会議の場面などでよく見かけるのですが、**資料やデータなどが手元にない状態で、お互いが言葉だけでイメージを伝え合って、議論が噛み合わず発散してしまうことがあります。このような状態を「空中戦」と呼びます。**

それに対して、**文字や図や表を使ってお互いの意見を説明し、議論が見える状態で話を進めることを、見えない状態の「空中戦」に対して「地上戦」と呼びます。**ビジネスにおいてコミュニケーションエラーが起きてしまう原因の多くは、「言葉で伝えたイメージだけで相手が理解してくれるだろう」という勝手な思い込みにあります。

意思の疎通が思ったほど簡単なことではないことは、経験を重ねてきたリーダーの皆さんならおわかりでしょう。とはいえ、実際にメンバーに伝える段になると、つい簡単に済ませてしまいがちです。

私が所属しているコンサル業界では、「説明を行なうときはできるだけ空中戦にならないように工夫しろ」と叩き込まれます。プレゼンテーションなど説明を行なう場面では、当日投影するスライド資料のほかに、相手から質問がくることを想定して、質問の内容に応じていつでも見せられるような予備資料を準備しておきます。また、事前準備の時間がほとんどなく、「急遽1時間後に説明することになった」という場合でも、限られた時間内に話が発散しないように、聞きたいポイントを箇条書きでまとめておくなど、常に文字やデータ、図解を使ってコミュニケーションを取るための工夫をしています。

もし会話の途中で想定外の流れになっても、その場でホワイトボードに論点を書き出したり、パワーポイントで白紙のスライドを用意して、画面投影しながら箇条書きをしたり、図解を作成したりするなど、お互いが文字や図表を見ながらコミュニケーションを行なうようにします。こうすることで、お互いの認識がズレたり、頭の中だけで異なったイメージをふくらませてしまうことを防いでいます。

このように、相手に伝え、理解してもらうには、耳から入る言葉の情報だけでなく、目から入る視覚的な情報もあったほうが、相手の理解も進みますし、何よりお互いの認識のズレが発生しにくくなります。

これはメンバーに対する指示・依頼もまったく同じです。「コピーを取っておいて」とか「部長にメールしておいて」といった単純な指示はともかく、頭を使う作業や順序性が大事な作業は、言葉だけの指示だと十分に理解してもらえない可能性があります。また、あとで「言った、言わない」問題になりやすかったりもします。

空中戦による指示は、リーダー自身が「自分が思っていたものと違う！」を生み出す要因です。指示や依頼もプレゼンの1つ。**あなたが指示した通りのものがメンバーから出てこない理由は、メンバーの理解力やスキルだけでなく、あなた自身のメンバーに対するプレゼン能力にも問題があるということです。**

ざっくりした手書き資料でもいいので、イメージを書いて見せるほうがメンバーの理解は深まります。そのひと手間を惜しまないことで、のちのちの手戻りを少なくできるので、リーダーとメンバーの双方にメリットがあります。

空中戦ではなく地上戦で指示や依頼を行なうことを心がけ、「どのように伝えれば適切に指示が伝わるか？」と、常に心がけることが重要です。

⑥✕外発的動機づけ⇕〇内発的動機づけ

先ほどZ世代の価値観について触れたついでに、もう1つ別の価値観についてもご紹介します。それは、Z世代の人たちはどのようなものに動機づけられるかということです。

動機づけは、大きく「外発的動機づけ」と「内発的動機づけ」の2つに分けられます。
「外発的動機づけ」とは、外部からの要因によって動機づけられることです。
たとえば、「この仕事が成功したら、給料がアップする」とか「ここでうまくいけば上司から評価されて、昇進につながる」といったものです。あるいは、反対に「ここで結果を出さないと、懲罰を受ける」とか、「これをミスしたら上司からひどく叱られる」といったネガティブなことも含まれます。

一方「内発的動機づけ」とは、内面から湧き起こる興味や関心などによって動機づけられることです。たとえば、「この仕事は楽しい」とか「ものすごくやりがいを感じる」とか「自分が成長している実感がある」といったものです。

この2つの動機づけのうち、Z世代の人たちは、どちらかというと内発的動機づけによって動きやすい傾向にあります。ほかの世代と比較して、お金に無関心だったり、出世欲がなかったりと、外発的な動機づけでは行動しない人が多いといわれています。それよりも、自ら行動を選び、自分自身の能力を発揮し、仲間と良い関係を築くといったことで動機づけられることが多いようです。

では実際に、内発的動機づけを行なうにはどうすればいいのでしょうか？

ここでは内発的動機づけを行なう際の3つの欲求をご紹介します。アメリカの心理学者エドワード・デシとリチャード・ライアンが提唱した「自己決定理論（self-determination theory）」によると、人間は次の3つの欲求を感じられるときに内発的動機づけが高まるといわれています。

①自ら行動を選択し、主体的に動きたいという「自律性の欲求」
②自分には能力があり、社会の役に立っているという「有能感の欲求」
③他人と互いに尊重し合える関係性を作りたいという「関係性の欲求」

これらの心理的欲求が満たされることが行動を起こす上で重要だと考えられています。私たちリーダーは、ときにメンバーに対して「もちろんこの仕事やってくれるよね？」といった行動選択の幅を狭めて主体的な行動を削ぐような言い方をしたり、何の役に立っているのかわからない単調な事務作業を指示したり、つい見下したような態度を取ってしまいがちです。

しかし、こうした3つの欲求を無視した指示や言動は、そのときはメンバーを動かせるかもしれませんが、中長期的に見ると、少しずつメンバーのやる気を削ぎ、パフォーマンスの低下や、場合によっては退職を招いてしまう可能性があります。

これらの欲求を満たすためには、メンバーの能力を発揮できる分野で、先ほどご紹介した、相手にとって心理的安全性が担保された環境において作業をお願いすることが重要です。さらに、「自ら行動を選択している」というメンバーの自律性を満たすためには、作業を依頼する会話の中で、

✕「このデータを分析して資料に盛り込んでくれ」

などと作業内容をこちらで絞るのではなく、

○「どういう情報を資料に盛り込めば、先方の承諾を得られると思う？」

といった、メンバーの主体性を要する質問を盛り込みます。こうすることによって、メンバーは自ら考えて、行動を選択しているという欲求を満たせます。

このように、メンバーを動機づけることで、より良いアウトプットを生み出す効果が得られます。

ところでZ世代の人たちは、外発的動機づけをされることがまったくないのかというと、そういうわけではなさそうです。

たとえば、SNSの投稿にたくさん「いいね！」をつけてほしい、認められたいという欲求も持ち合わせています。

そもそも現在は多様性の時代といわれるように、価値観は人それぞれです。ですから、Z世代と「ひとくくりにしてしまう」こと自体が古い考え方なのでしょう。

今あなたと一緒に仕事をしているメンバーが、どのような価値観を持っていて、何に動機づけられやすいのかを見極めることが重要です。これまでのような外発的動機づけ一辺倒では、彼らの士気はなかなか高まらないということを理解しておきましょう。

⑦ ×ゆとりのある期日設定 ⇕ ○アグレッシブな期日設定

最後に、指示をする際の期日設定について解説します。

もちろん期日設定は、仕事の緊急度や後続作業との関係が大きく影響してくるため、一概に言えませんが、基本的にはクッション型指示のステップでお伝えした通り「作業を依頼するときは期日もセットで伝える」ことが重要です。

特に若手のメンバーは、任された作業にどれだけ時間がかかるかを見積もれないことが多いです。ですから、リーダーから「いつ頃完成しそう？」と聞かれても答えられなかったり、とんでもなく的外れな期日を答えることもあります。

一方ベテランのメンバーであれば、ある程度の作業ボリュームは把握できているので、メンバー自身にスケジュールも決めてもらって問題ありませんが、やはり若手には最初はリーダーが期日をきちんと伝えるのがいいでしょう。

では、期日はどのように設定するのがベストでしょうか？

たとえばリーダーから見て、彼らのスキルだとおそらく3日かかると思われる作業があるとします。でも、3日だと間に合わないかもしれないので、余裕を見て5日にする――あなたは、このように期日を設定していませんか？

結論から申し上げると、3日かかりそうなら3日、1日でできそうなら1日で作業をしてもらうようにお願いするほうがベターです。理由は、本当は3日でできる作業なのに5日間与えてしまうと、ほとんどの人は5日でやり終えるように行動するからです。

皆さんも「本当は30分で終わる会議なのに、1時間の枠を目一杯使ってしまった」といった経験はありませんか？

イギリスの歴史学者・政治学者シリル・ノースコート・パーキンソンは、著作『パーキンソンの法則　進歩の追求』の中で、次の法則を提唱しています。

「仕事の量は、完成のために与えられた時間をすべて満たすまで膨張する」

人は作業そのものにかかる時間よりも、「作業の期日から逆算して、どれだけ時間をかけていいか？」と思考します。ですから、依頼した仕事に余裕を持たせた分、目一杯時間を使って仕事を終えるように行動してしまいます。また、時間の猶予を与えたからといって、作業の質が上がるかというと、ほとんどの仕事はそんなことはありません。

こうした理由から、メンバーに設定する期日は、なるべくアグレッシブに、相手がエンジンフル回転でできる期日を設定することをおすすめします。

ただし、リーダーとしてさまざまな作業を進めていく上では、ある程度の余裕時間（バッファ）を設けておかなければいけません。あまりに切迫したスケジュールだと、メンバーも疲弊してしまいますし、メンバーが体調不良で休んだとき、想定外の事態が発生して作業が増えたとき、遅延につながるリスクが顕在化したときなどにチームは混乱してしまいます。そうした不測の事態に備えて、チーム全体としては余裕を持ったスケジュールを設定することが重要です。

〈スケジュールを設定するときの正しい余裕の持たせ方〉

「メンバーには余裕を持たせず、チーム全体としては余裕を持たせる」とは、いったいどういうことでしょうか？

少し難しくなりますが、ここでＣＣＰＭ（クリティカルチェーン・プロジェクトマネジメント）におけるプロジェクトの管理手法について解説させてください。

たとえば、次のような仕事がチームに与えられたとします。

・Ａ↓Ｂ↓Ｃと順序性を持った３つのタスク
・この３つのタスクの作業期間は30日
・３つのタスクはいずれも標準的に８日かかる

リーダーであるあなたは、まずスケジュールを作成します。さてどのようなスケジュールが望ましいでしょうか？

多くの人が次のように考えるのではないでしょうか？

・全体で30日あって、各タスクは８日かかるので、８×３＝24で６日分の余裕がある
・各タスクが遅れるリスクもあるから、各８日の作業に２日ずつ余裕を設けておこう
・その結果「タスクＡ：10日、タスクＢ：10日、タスクＣ：10日」の合計30日で完了するス

図2

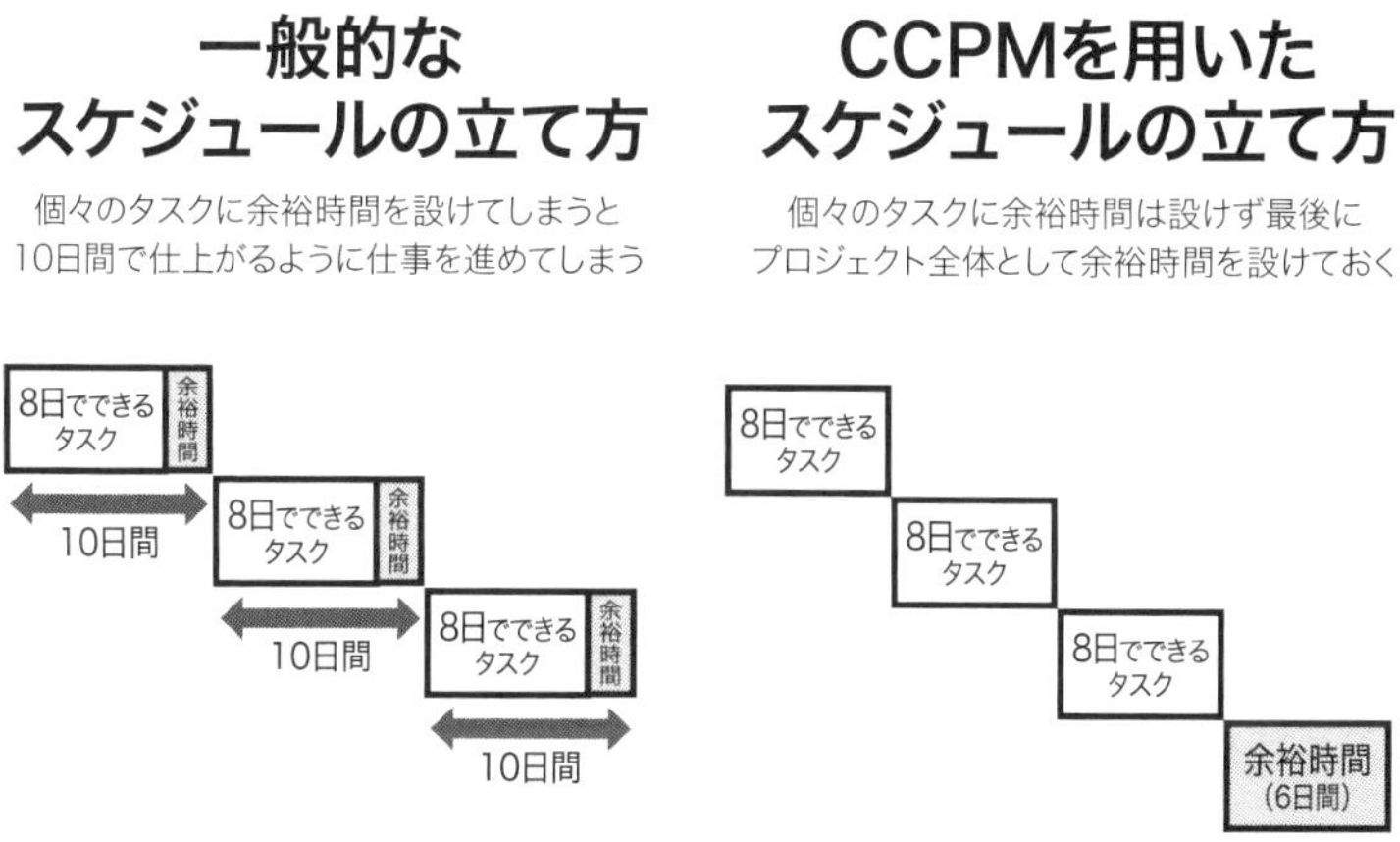

ケジュールを作成しよう（図2）

　こうした考え方自体は間違っていませんし、各タスクに遅延するリスクがあるのも事実なので、それぞれにバッファを設けるという考えは十分納得できます。しかし、先ほど説明したパーキンソンの法則（人は与えられた時間をすべて使い切ろうとする）に基づいて考えると、このスケジュール設定だとうまくいかない可能性があります。

　おそらくこの進め方だと、作業が完了するのは30日目ギリギリか、もしくは30日の期日に間に合わない可能性もあります。

　では、どのようにスケジュールを設定するのがよいのでしょうか？

　模範的なスケジュール作成例は次の通りです。

・「タスクA：8日、タスクB：8日、タスクC：8日、プロジェクト全体バッファ：6日」の合計30日で完了するスケジュールを作成

　このように、各タスクの作業期間は標準的なものを定め、どのタスクにも属さない、作業全体としてバッファを設けておきます。このようにスケジュールを作成するほうが失敗のリスクはかなり軽減されます。仮に各タスクが遅れたら、そのときは全体バッファから取り崩すというイメージです。

　少し脱線してプロジェクト管理の観点からスケジュールの作成のコツについてお伝えしましたが、プロジェクトマネジメントの観点からも、作業を依頼する際に設定する期日は、できるだけアグレッシブに設定することをおすすめします。メンバーも、ギアを上げて作業をしないといけなくなるので、作業に対する集中力も高まり効率も上がるというメリットもあります。

第3章
「指示出しが苦手！」を克服する

「自分でやったほうが早い」を捨てる

リーダーにはさまざまなタイプの人がいますが、もともとメンバーとして高いパフォーマンスを発揮しているのを上司に認められてリーダーになったというケースが多いと思います。こうして新しくリーダーになった方たちが最初にぶつかる壁がこの「自分でやったほうが早い」です。

自分よりも知識やスキルが浅いメンバーに仕事を指示しながら、チームとして一定の成果を上げなければならない――そんなときに優秀な人ほど「仕事ができないメンバーにわざわざ指示するよりも、自分がすべてやったほうが早いのではないか？」と考えます。結果的に、メンバーには雑用などの簡単な仕事しか依頼しなかったり、いったん作業を依頼したものの、すぐに巻き取って自分で仕上げるといったことをしてしまいがちです。

確かに自分1人で作業をするのであれば、何も考えずに黙々と取り組めば問題ないかもしれません。しかし、リーダーとしてメンバーに作業を指示する立場になった以上、メンバーに依頼する作業を整理したり、それぞれの作業内容や方法を説明し、理解してもらう必要があります。しかもいくら丁寧に説明しても、こちらが思ったようなアウトプットが出てこない。メンバーから頻繁に質問や確認がくるので自分の作業に集中できない。こんな具合に、メンバーに作業を依頼しても、かえって時間がかかってしまうことが多々あります。

その結果「仕事を巻き取って自分で仕上げてしまったほうが早い」となってしまうのです。しかし、チームとして成果を出そうと思ったら、できるだけ早く頭を切り替え、「自分がやったほうが早い」という意識を捨て去る必要があります。

なぜなら、仕事を巻き取ることで次の３つの弊害が生じるからです。

弊害①　リーダーが1人では処理し切れない作業量になる

弊害②　リーダー本来の仕事がおろそかになる

弊害③　リーダーとメンバーの双方のモチベーションが下がる

最初は何とかなっていても、時間が経つにつれて負担が蓄積し、このような状態になってしまいます。これについてはすでに第1章でも簡単に説明しましたが、ここではさらに掘り下げてみます。

弊害①　リーダーが1人では処理し切れない作業量になる

まず最初に「仕事はチームで回すもの」と気づく必要があります。メンバーとして仕事をするときには自分1人分の作業をこなせれば問題はありませんでした。ところが、複数人のチームを束ねる立場になった時点で、お客様や会社からリーダーに任される仕事は1人でできる作業量ではなくなります。

リーダーとして駆け出しの頃は、メンバーが1〜2人といったこともあるので、実質的にリーダー1人でも十分にできてしまうかもしれません。しかし、メンバーが増えるにつれて仕事量も増えるため、気づいたら「1人ではとても処理し切れない」という状態になります。

チームで仕事を回すということは、その人数に応じた量の仕事をこなすということです。確かに1つ1つの作業は自分1人で行なったほうが効率的で早いかもしれません。しかし、いくらリーダーが優秀であったとしても、チームとして任される仕事を1人で巻き取るのはあまりにも非効率で現実的ではありません。

弊害②　リーダー本来の仕事がおろそかになる

そもそも、メンバーとリーダーとでは、求められる役割が異なります。メンバーは自分に与えられた作業を適切に行ない、成果を出すことが求められます。一方リーダーは、メンバーに作業を依頼し、状況を適切に把握した上で、チームとして成果を出すことが求められます。

リーダーは、お客様や上司とメンバーの間を取り持つ調整役ともいえるでしょう。メンバーのうちは、リーダーの指示を聞いていればよかったのが、リーダーになると作業の依頼元であるお客様や上司とコミュニケーションを取りつつ、実際に作業を担当するメンバーの状況を見るという管理業務も求められます。そのため、1メンバーだった頃のように目の前の作業に集中することがなかなかできません。むしろ、メンバーの仕事を巻き取る作業に集中しすぎると、本来リーダーとして行なうべき作業がおろそかになってしまい、チーム全体の仕事が回らなくなってしまうことがあります。

弊害③　リーダーとメンバーの双方のモチベーションが下がる

重要な作業はリーダーが行ない、チームメンバーには資料整理や会議設定といった事務的な作業ばかりを依頼する。あるいは、作業をいったんメンバーに依頼したものの、未完成の状態でリーダー自身が巻き取り、仕上げは自分で行なう。こうした働き方を続けているとチームはどうなるでしょうか？

まずメンバーの立場で考えてみます。

メンバーは自分が考えて手を動かすような本質的な作業は振ってもらえないので、「何で雑用ばかりなの？」といった気持ちになります。「確かにリーダーに比べたらまだ知識も経験も浅いかもしれないが、雑用しか頼まれないということは、リーダーからまったく信用されていないのではないか？」などという気持ちになるかもしれません。

あるいは、作業をある程度依頼されても、最終的にリーダーが巻き取ってしまうなら、「がんばって作業をするだけムダ。やってもどうせリーダーの手で変更されてしまうのだから」となり、メンバーのモチベーションは下がってしまいます。結果的にメンバーは自ら考えて行動しなくなり、その負荷が少しずつリーダーにかかり、遅かれ早かれリーダー自身が疲弊してしまいます。

確かに、リーダーがメンバーから仕事を巻き取ることで、期日にも間に合い、それなりの品質も達成できるので、チームとしては成果を出せるでしょう。しかし、リーダーには成果を出すことだけではなく、メンバーを育てることも求められます。

最初は時間がかかったとしても、丁寧にメンバーを育て、少しずつ彼らの生産性を上げていくことによって、リーダーの負荷は減り、リーダーとして本来すべき作業に集中できるようになります。

「自分でやったほうが早い」は短期的な視点で見ると正解かもしれません。しかし、長期的な視点で考えると、そうした気持ちを捨ててリーダーとしての役割をまっとうできるように工夫することが重要です。

「指示をするのが申し訳ない」を捨てる

リーダーの中には、周りに対してものすごく気づかいができるし、周りの空気を読んで行動できるタイプの人もいます。こうした人は、メンバーの状況を的確に察知し、その状況に応じてコミュニケーションを取れるので、周りから慕われたりもします。ただ、そうした人によくあるのが、忙しい状況なのにもかかわらず「メンバーに追加で仕事をお願いするのが申し訳ない」と思ってしまい、仕事を自分で引き受けてしまうことです。

こうした人とは反対に、メンバーの状況をよくわかっていなかったり、自分に負荷をかけたくないといった理由で、忙しいメンバーに平気で指示を出すリーダーもたまにいます。それはそれでいろいろと問題がありますが、こうした人は指示出しに抵抗感はありません。

それに対してメンバーの状況をよく理解しているリーダーは、理解しているがゆえに、「メンバーの手を止めてしまう」「さらに負荷がかかってしまう」ことが申し訳ないと考えてしまい、なかなか作業を依頼できません。結局、誰にも作業を任せられず、リーダーが自分で作業をしてしまいます。

そうした優しいリーダーの心の中にあるのは、依頼に対する「罪悪感」ではないでしょうか。

・これは私がやるべき仕事で、メンバーにお願いするのは申し訳ない
・メンバーに依頼すると迷惑に思われるのではないか？
・私のほうが年下だし、依頼しにくい……

本当はメンバーに依頼したほうがラクなのに、さまざまな感情が邪魔をして依頼できないといったことが起こってしまいます。

このようにメンバーに仕事を依頼できず、自分が引き受けてしまうのは「自分でやったほうが早い」と同じことです。リーダー自身が目の前の作業に追われて周りが見えなくなり、リーダーとしての仕事ができなくなってしまいます。

どうしてこのような状況になってしまうのでしょうか？

原因を掘り下げてみましょう。

リーダーの性格上の問題？

まずリーダーがメンバーを気づかってしまうがゆえに、なかなかメンバーに対して言い出せない、本当は頼みたいけれど頼めない——このようなメンバーに対する「ムリを言って申し訳ない」という、性格的に人にお願いするのが苦手という問題があります。
「人にお願いできないのに、何でリーダーになれたの？」と、疑問に思われる方もいるかもしれません。しかし、実際には技術スキルやコミュニケーションスキルが高いためにリーダーになった人には、このタイプが少なからず存在します。

これまで自分の下にメンバーをつけて仕事をした経験がなく、リーダーになって初めて下にメンバーがついたなど、経緯はいろいろあるでしょう。ただ、今後リーダーとしてチームを率いていくのであれば、「申し訳ない」というマインドを少しずつ変え、メンバーの状況を見ながら適切に仕事を依頼できるようになる必要があります。

ところで、なぜ「申し訳ない」という気持ちになってしまうのでしょうか？
リーダー自身の性格上の問題もありますが、それ以外にも「メンバーに依頼しづらい状況」になっていることもあります。その原因について見ていきましょう。

原因①「お願いする」「お願いされる」関係になっている

一般的には、「リーダーはチームの先頭に立って、メンバーを率いて仕事をする」というイメージがあります。しかし、その一方でリーダーはチームの縁の下の力持ち的な役割も担っていて、メンバーが困っているときや、問題を抱えているときなどに、支えになる存在でもあります。

リーダーはメンバーの状況を確認しながら作業を依頼したり、ときに支援したりします。このようにリーダーはあらゆる方向にアンテナを張り巡らせて、常に意思決定を迫られる役割を担っていることが多いです。

リーダーがチーム全体をコントロールしている以上、「作業を誰に依頼するか」の意思決定もリーダー自身が行なうことが多くなります。リーダーは「誰にこの作業を頼もうか？」と考える一方で、メンバーの側には「仕事だから仕方ないけれど、この作業を振られたらイヤだな」といった感情が生まれることもあります。

別にリーダーの振る舞い方が悪いわけではなく、全体の作業をコントロールしている以上、どうしてもリーダーがメンバーに「作業をお願いする」という構図になります。

このようなリーダーとメンバーの間で「お願いする」「お願いされる」という関係になっ

てしまうと、人に依頼するのが苦手なリーダーは作業を頼みにくくなります。

では、リーダーがこのように動いてしまう原因はどこにあるのでしょうか？

原因② メンバーが「作業はリーダーから受けるもの」という意識が強い

その原因と思われるのが、本来、お客様や上司からチーム全体に指示・依頼された作業であるにもかかわらず、メンバーが「作業はリーダーから与えられるもの」と捉えてしまうことです。


ここで、そもそも仕事の流れを考えてみましょう。

まず、お客様や上司からチームに対して指示・依頼がきます。リーダーは、仕事をメンバーに分担するために、作業を切り分けたり、担当を振り分けたりします。そして役割に応じて個々のメンバーに作業を指示します。このように、チームに依頼された仕事を、いったんリーダーがクッションとなり整理した上でメンバーに依頼するのが一般的です。

つまり、リーダーは作業の窓口になったり、整理してメンバーに依頼するためのハブになっているにすぎないということです。メンバーの中には「リーダーに依頼された作業をする」

という意識の人もいます。つまり、お客様に対して仕事をしているのではなく、リーダーに対して仕事をしている感覚です。メンバーがこのような意識を持っている場合、チームに仕事が振られても、それに対して主体的に行動してくれません。まずリーダーが仕事を整理して、作業が割り振られるまで待機しているような状況です。

リーダーも同じく「仕事は自分が受けるもの」「作業は自分が整理して指示するもの」という意識だと、すべての作業をリーダーが細かく把握し、かつ現在のメンバー全員の状況を考えながら作業を振り分けなければいけなくなってしまいます。

これは仕事の全体像が見えているリーダーだからこそできる作業ですが、あくまで**「仕事はチームに対して依頼されたものであってリーダー個人に依頼されたわけではない」**といった意識を持っておかないと、メンバーも口を開けて仕事を待っているだけになってしまい、なかなか自分ごととして捉えてくれません。

そもそも、なぜメンバーは仕事を自分ごと化できないのでしょうか？

原因③　メンバー自身が自分の作業範囲を決めてしまっている

メンバーがチームの仕事を自分ごととして意識できない理由として、「仕事の壁を作ってしまっている」ことが考えられます。

たとえば、「システムのことなら〇〇さん」「事務作業は××さん」のように、「自分の得意分野＝自分の仕事、得意分野ではない仕事＝自分の仕事ではない」と考えています。ではお客様や上司から、これまでまったく経験したことのない仕事を依頼されたらどうすればよいでしょうか？「誰もできる人がいないので、その仕事を受けることはできません」と断るのかというと、そういうわけにはいきません。仕事なので誰かがやらないといけません。そうした場合、比較的手が空いているメンバーが担当したり、難易度が高いからという理由で、リーダー自身が仕事を引き受けてしまいがちです。

ここで私が考える理想的な姿は、メンバーが自主的にその作業を引き受けるように動いてくれたり、メンバーが集まって一緒に進め方を検討するといった状態です。このようにメンバーに主体性を持ってもらうためにはいくつか方法がありますが、おすすめの方法が「リーダーが最初にやりすぎない」ことです。

コンサル業界では、自動車業界、医療・薬品業界といった業界別や、戦略、会計、テクノロジーといった機能別に分類された組織があり、社員はいずれかの組織に所属することになります。ただ実際の仕事においては、お客様の問題解決のためにプロジェクトチームを編成して、プロジェクト単位で行動することがほとんどです。そういった場合、リーダーになる人は、さまざまなプロジェクトをかけもちしていて、そのプロジェクトには30％程度しか関与しないなどといったことが多いです。そうなると、リーダーができる範囲は限られてしまい、チームのマネジメントは行なうものの、実務においては作業よりも意思決定の場面で示唆を行なうことが多くなります。

メンバーが10人以上いる大型プロジェクトの場合は、専任のリーダーがついて管理することもありますが、実際には2～3人で進めるプロジェクトも少なくありません。つまり、リーダーが使える時間が限られているため、自然とメンバーが主体的に行動せざるを得ません。そのため、コンサル業界では「プロアクティブに行動しろ」、つまり「受け身の姿勢で待つのではなく、自ら考えて主体的に行動しろ」と何度も言われ続けます。

このように業界の文化として、メンバーが主体的に行動せざるを得ないのであれば自然と個々のメンバーがチームの作業を意識するようになります。ところが、いったんリーダーが仕事を受けて、メンバーは作業の割り振りを待っているという状況だと、なかなかそういった意識も生まれません。

リーダーとしては責任感から「まず自分が仕事を受けてきちんと交通整理しないといけない」という意識も強いでしょう。ただ仕事はリーダー個人にではなく、チーム全体に依頼されたものです。ですから、「お客様（または上司）→リーダー→メンバー」という流れではなく、「お客様→チーム」という仕事の流れを強く意識する必要があります。

誤解を恐れずに言うと、**メンバーが自主的に動くようになるには、リーダーがあまり動きすぎないことです。**責任感あるリーダーであればあるほどやってしまいがちなのですが、リーダーががんばりすぎてしまうと、リーダーに対する期待値が高くなってしまい、メンバーは自ら動くことを放棄してしまいがちです。「あのリーダーは頼りになる」は、裏返せば「あのリーダーの下につくとラクだ」ということでもあります。

「リーダーが動きすぎない」を意識すると、行動にも少しずつ変化が出てきます。たとえば、お客様から受けた依頼に対して「この作業の進め方を一緒に考えてくれない？」などとメンバーに相談を持ちかけられるようになります。

「リーダーは誰かに頼ってはいけない」「弱さを見せてはいけない」と思っている人も多いかもしれませんが、リーダーがすべてを把握できているかというと、そんなことはありません。リーダーはあくまで役割の1つです。人によって当然、得意・不得意はあります。

すべての作業についてリーダーがクッションになるのではなく、「仕事がきたら一緒に方向性を考える」というスタンスができてくれば、メンバーも少しずつ、それぞれの作業に対して主体的に行動するようになります。「これは私の仕事ではないのでできません」ではなく「ほかのメンバーが忙しそうなので、この仕事は私がやります」という空気になることで、「お願いする」「お願いされる」という関係から「一緒に考えて仕事を進める」という関係になり、そもそも人に指示をするという考え方自体がなくなります。

まずは今の仕事の進め方を疑い、仕事はチームに依頼されるものという意識を持つこと。そしてリーダーだけが仕事の分担を考えるという作業から脱却すること。それができれば、性格的に人にお願いするのが苦手なリーダーでもうまくチームを率いていくことができるようになります。

何でも頼れる強いリーダーも素敵ですが、「このリーダーとなら一緒にチームを成功させたい」とメンバーから思ってもらうようにコミュニケーションを取っていくのも立派なリーダーの姿です。

「作業を切り分けられない」を改善する

ここまでお読みいただいて、「リーダー自身が作業を抱え込むことには、さまざまなデメリットがある」とおわかりいただけたと思います。

なので、作業はできるだけメンバーに依頼し、リーダーは「何でも自分でやる」という考えを捨てなくてはいけません。そうすることで、リーダーは、本来リーダーとしてすべき作業に注力できるわけです。

さて、こうしたときに1つ問題になることがあります。それは、「作業を切り分けて分担したいけれど、そもそも作業を切り分けられない」「細かく分けようと思っても、作業同士が関連しているので、切り分けてそれぞれ指示するのが難しい」といったケースです。

たとえば、上層部から「来期の部門目標を考えてほしい」と依頼されたとします。こうした場合、作業をどう分担すればよいか迷うのではないでしょうか？　「上層部から言われたから、来期の目標を考えておいて」と、メンバーに丸投げすることもできません。それどころか、そもそも部門の目標ですから、メンバーに考えてもらうには難易度が高いのではないでしょうか。

このように、

- **作業を切り分けて指示できない**
- **難易度が高いので依頼できない**

といった理由で依頼したくても依頼できない状況だと、指示のしようがありません。

そもそも本来リーダーがすべきマネジメント関連の業務のように、メンバーに依頼できない仕事はありますが、チームに振られた仕事の大半は、どれだけ複雑であってもうまく切り分けることができればメンバーに依頼できます。ただ、こうした作業は、「100ある単純作業をメンバーで分担して行なう」といった簡単なものではありません。

どうすれば、このような複雑な作業をうまく切り分けることができるでしょうか？

作業を切り分けるポイントとして、私が若手リーダーに伝えているのは**「作業を外観だけで捉えるのではなく、要素に着目する」**ことです。

たとえば、先ほどの「来期の部門目標を考える」作業を切り分けてみましょう。これは「目標を考える」という作業だけに着目してしまうと、複数人に考えてもらうわけにはいかないし、メンバーだけに考えさせるのも難しいでしょう。

ただ、この「目標を考える」という作業は、単に目標だけを考えればよいのでしょうか？また目標を考える際には、どのような観点で考えるべきなのでしょうか？　つまり、「目標を考えるプロセス」に着目するのです。

では、部門の目標を考える際に考慮すべきポイントの例を挙げてみましょう。

・今期立てた目標と、目標に対する成果
・これまでの自部門の業績
・会社の中長期ビジョンと戦略
・来期の会社の経営方針と自部門に期待する役割
・市場動向と業界のトレンド
・競合他社の状況

まったくベースがない状況で、ゼロから目標を考えることは非効率です。しかも立てた目標が会社の戦略や中長期的な目標と整合性が取れている必要もあるでしょう。こうしたことを踏まえると、「これまでの自部門の状況がどうであるか」を知り、また「会社がどのような方向に向かい」、それにあたって「自部門はどのような役割が期待されているのか」を理解して進める必要があります。

また、「目標を立てたら終了」ではなく、「その目標が現実的なのかどうか？」「目標に対して具体的な行動目標に落とし込めるのか？」「目標の達成状況をモニタリングできるのか？」などを確認する必要があります。

これらのポイントを基に、作業の流れを簡単に整理すると、次のようなステップに分けられそうです。

ステップ① 自部門の業績、今期の目標達成状況の整理
ステップ② 来期の経営戦略と自部門に求められる役割の確認
ステップ③ 来期目標案作成
ステップ④ 来期目標案、実現性検証
ステップ⑤ 来期目標決定、行動目標作成
ステップ⑥ 役員向けプレゼン資料作成

ステップ⑦　役員報告、承認

「目標を考えなくてはならない」とアウトプットだけで考えてしまうと、作業をうまく切り分けられないと感じるでしょう。そこで「目標を立てるプロセス」に着目して、「来期の部門目標」というアウトプットを生み出すにはどのようなステップが必要になるのかを、具体的な行動の単位にまで落とし込むことで、作業を切り分けることができました。

具体的な行動にまで落とし込めれば、「①自部門の業績、今期の目標達成状況の整理」については、これまでの実績を整理するだけなので若手に依頼する。また、「②来期の経営戦略と自部門に求められる役割の確認」については、情報があれば誰かに入手してもらい、なければ上層部へのヒアリングにするのでその段取りを別のメンバーに依頼する。

こんな具合に、求められるアウトプットはシンプルだったとしても、そのアウトプットを得るために必要なステップがいくつかあるのであれば、各ステップを明確にすることで、細かい単位で作業を分担できます。

ほかの要素の例も挙げると、求められるアウトプットの構成に着目して分解することも有効です。

たとえばカレーライスを作る場合、カレーライスを構成する材料に分解してみます。そうすると、大きくカレーとごはんに分かれます。カレーはさらに、カレールー、じゃがいも、玉ねぎ、にんじん、肉、水などに分解できます。

こうすることで「ご飯を炊く係」と「カレーを作る係」に切り分けたり、先ほどのプロセス分解とも組み合わせて「カレーを調理する係」と「野菜を切る係」などと作業を切り分けることができます。

また、仕事においては、「設計書を作る」というアウトプットを「受注機能」「生産機能」「出荷機能」などの機能に分解するパターンもありますし、「入出力設計」「データベース設計」「プロセス設計」といった設計書の種類に分解するパターンもあります。

このように求められるアウトプットだけを見るのではなく、プロセスや構成などの要素に着目して、それらを分解してみることで作業を切り分けることが可能です。

あと、これは付け加えておかないといけないのですが、この作業を切り分けるという仕事は、必ずしもリーダーの仕事というわけではありません。

難易度が高い作業であれば、そのプロセスはリーダー自身が考えることが望ましいですが、リーダー候補となるシニアメンバーや、その分野についての専門性を持つメンバーがいる場合、要素を考える作業自体をメンバーに指示するという方法もありです。要素を分解する作業をリーダーがすることで、メンバーの手が止まってしまわないように工夫することが重要です。

ただし、難易度が高い作業や、未経験の作業については、メンバーの思考が停止してしまうこともあるので、依頼をする際にはその見極めが重要です。

「どこまで任せてよいかわからない」はＳＬ理論で解決する

指示出しが苦手なリーダーの中には「どこまで任せていいかわからない」という人も多いです。確かに作業を丸投げだと無責任すぎますし、だからといって、1つ1つの作業に細かく関与しすぎるのも、リーダーとメンバーの双方にとってあまりよくないでしょう。もし、皆さんの中に指示の範囲について悩まれている方がいたら、ここで紹介する**「状況対応型リーダーシップ」**を試してみてください。

状況対応型リーダーシップは、1977年にアメリカの行動科学者ポール・ハーシーと、リーダーシップ分野の専門家ケン・ブランチャードによって提唱されたリーダーシップ理論「シチュエーショナル・リーダーシップ（Situational Leadership）」のことで、日本では「状況対応型リーダーシップ」や「ＳＬ理論」と呼ばれています。

これまでのリーダーシップ理論では「最善で正しいリーダーシップが存在する」と考えら

れていました。それに対して、状況対応型リーダーシップは「リーダーシップに正解はない」という前提に基づいて、個々のメンバーの状況に応じて柔軟に指示内容を変えて支援することの重要性を説きます。

たとえば、仕事がまったくわからない新入社員に対して「来週の報告資料をまとめておいて」と指示を出しても、リーダーが想定したレベルの資料が提出されるとはとうてい思えません。一方で仕事を熟知しているベテラン社員に対して「資料の作成状況はどう？　データ収集は終わった？　ピボット集計は終わった？　説明文のドラフトはできた？　何か困ったことはない？」と関与しすぎるのは逆効果です。

このように、リーダーがメンバーに対して「どこまで具体的に指示をするか」「どこまで関与してサポートするか」は、個々のメンバーの状況によって大きく異なるため、それぞれのメンバーに対して適切に接する必要があります。状況対応型リーダーシップでは、そうした状況を次の４つのタイプで定義しています。

① Directing（指示型）——新入社員や新メンバー向け

まず最初にご紹介するのは「指示型」です。これは、その作業について「まったくやり方がわからない、できない」といった、新入社員やチームに配属されたばかりの新しいメンバーに対するマネジメントです。「仕事の内容がわからない」「進め方がわからない」という人に作業を丸投げしても、そもそも何をすればいいかがわからないため、まともなアウトプットは期待できません。その場合は、作業内容をなるべく具体的に指示します。

たとえば、資料を作ってもらいたいときに「この資料を作っておいて」と言うのではなく、「ここにあるデータから、売上高で絞り込んで、横軸に月別、縦軸に金額を表したグラフを作って」という具合に、1つ1つの作業を具体的な行動レベルにまで落とし込んで指示します。

この段階は、まだメンバーは仕事の進め方を覚えたり、作業に慣れたりする状況なので、単に「資料を作っておいて」と指示するだけだと、「うーん、何をどう作ったらいいのかわからない……」と思考停止におちいってしまいます。なので、できるだけ考えなくても済む具体的な行動にまで落とし込んで指示します。文字通り「指示型」です。

② Coaching（コーチ型）――まだ自分1人ではできない人向け

「コーチ型」は、その作業自体は経験したことがあるけれど、まだ自分だけではうまくできなかったり、途中で判断に迷ってしまうといったメンバーに対するマネジメントです。コーチ型は指示型とは異なり、作業を指示するものの、できるだけメンバーが自分で考えて問題を解決できるようにサポートします。

たとえば、作業が1から10まであった場合、指示型ではリーダーが1から10まですべての作業の内容を考え、その作業をメンバーに実行してもらうのに対して、コーチ型では、リーダーは7〜8くらいのレベルまで伝えて大きな方向は示した上で、メンバーが残りの2〜3を考えながら進めていくイメージです。

「この資料を作っておいて」と言われたとき、「何となく完成イメージはわかるけれど、どこをどのように手を動かせばいいかピンとこない」というメンバーに対して、「このメッセージを浮き立たせるためには、どこを強調したらいいと思う?」「メッセージが足りていないのでは?」「読み手を意識すると具体的な事例があったほうがいいのでは?」といった具合に、メンバーが自力で答えを出せるように、リーダーがメンバーの作業を積極的にサポートします。

コーチ型の特徴は、たとえリーダーがすでに答えを持っていたとしても、すぐに答えを教えるのではなく、質問を投げかけたり、方向性を示唆したりして、できるだけメンバーが自分の力で答えを出せるようにサポートする点です。単なる指示ではなく、示唆しつつ、支援する、関与の度合いが強いマネジメントです。

③ Supporting（支援型）——だいたいのことはできる人向け

メンバーが作業に慣れて、流れについても把握してきたら「支援型」に移行します。

支援型は、「基本的には仕事はできるけれど、それでもやはりある程度のサポートが必要」というメンバーに対するマネジメントです。メンバーが主体的に一連の作業を行なうように依頼して、リーダーは作業の過程で発生する、メンバーからのさまざまな相談に乗り、サポートします。

コーチ型では「リーダーが7〜8くらいのレベルまで考えて残りの2〜3をメンバーが自分で考えて行動する」とお伝えしました。コーチ型から支援型に移行するにつれ、メンバーが自分で考えて行動する割合を少しずつ増やしていき、リーダーは作業そのものよりも、メンバーの支援に時間をかけるようにします。

特に、支援型に移行するにあたっては、基本的に作業の内容や順番はメンバーに考えてもらいます。メンバーは自ら考えて行動しますが、途中途中で「作業の方向性がズレていないか」、あるいは「作業に抜け漏れがないか」などを、リーダーに適宜確認しながら進めるようにします。

このように、メンバー自身に考えてもらい、作業への関与の度合いを増やしていくことで、最終的にはメンバーが作業の全工程を独力で行なえるようにするのが支援型の目的です。

④ Delegating（委任型）——1人でどんどん進められる人向け

そして4つ目が「委任型」です。すでに独力で作業ができるメンバーに対する手法です。こうしたメンバーに対しては、それほど関与せず、彼らに権限を与えて作業を任せるほうがメンバー自身も動きやすくなります。

「Delegate」には「権限を委譲する」という意味がありますが、まさに委任型では、「リーダーが最終的な責任を取る」というスタンスは維持しつつも、メンバーに作業のほとんどを任せることにより、より主体的に責任感を持って行動してもらえるようになります。

メンバーの中には新入社員からベテラン社員まで、場合によってはリーダーよりも年長のシニアスタッフがいることもあります。こうした多様なチーム構成だからこそ、作業の指示は一律ではなく、メンバーの状況に合わせてうまくメリハリをつけることが大切です。これら4つのタイプを意識して使い分けてみてください。

実はこれら4つのタイプは、次ページ図3のような2軸4象限の各領域に配置されます。縦軸は関与割合の多さで、上にいくほどメンバーに対して支援する度合いが高くなります。一方、横軸は直接的な指示の度合いを示しており、右にいくほど直接的な指示が多く、左にいくほど指示は少なくなります。

図3　状況対応型リーダーシップ（Situational Leadership）

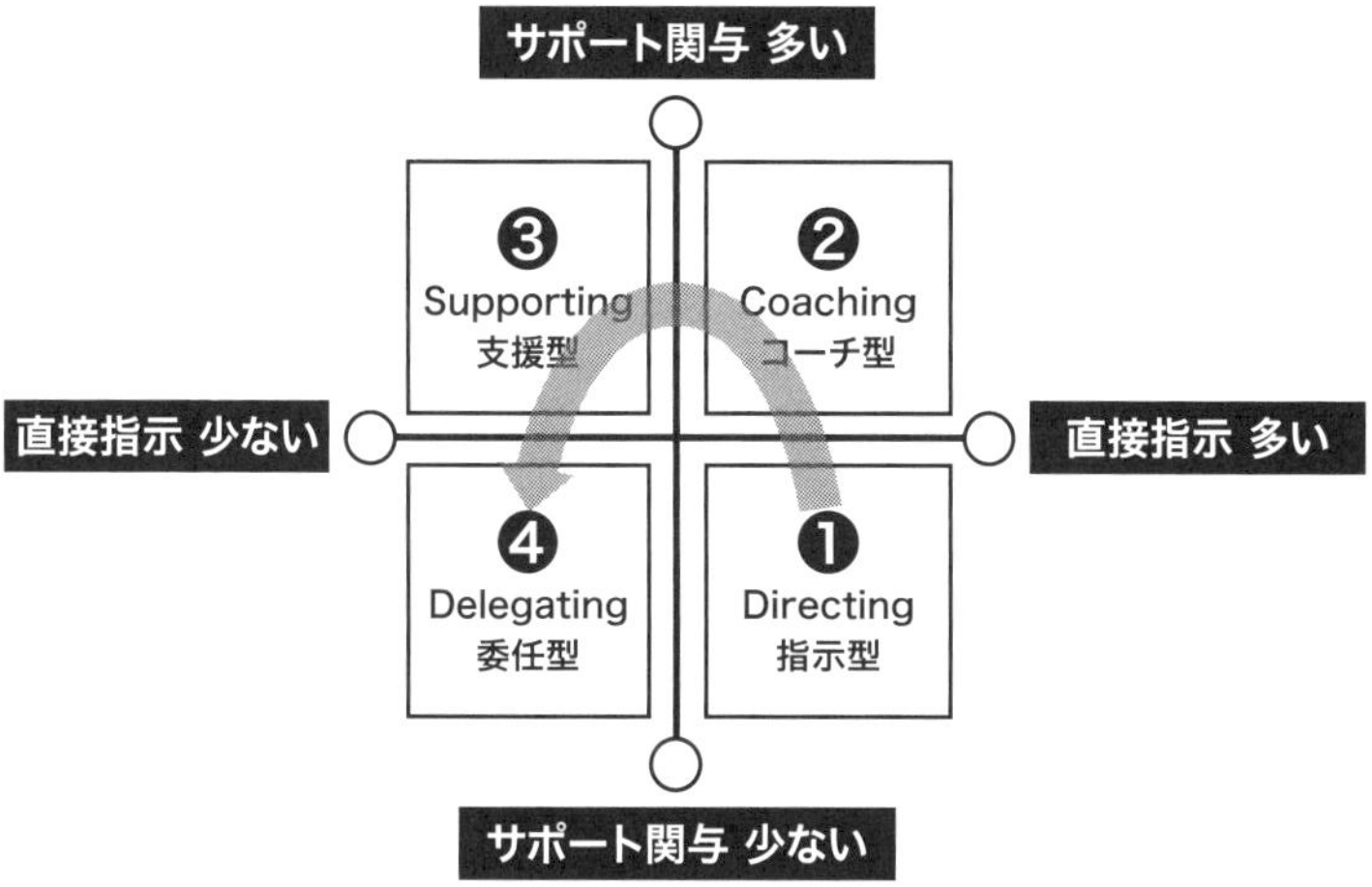

現在、自分のチームのメンバーはそれぞれ表のどのあたりにいるのか？

これを参考に、メンバーとの関与度合いや指示のレベルを調整してみてください。

実は、こうした状況に応じてリーダーシップを変える方法は、メンバーの経験年数だけで判断するものではありません。「この人は新入社員だから指示型」「この人はベテランなので委任型」といった基本的な判断はできますが、もう少し踏み込んでメンバーの強みと弱みを知った上で、それぞれについて状況対応型リーダーシップを発揮するとより効果的です。

たとえば、メンバーのAさんは仕事がとても早い。しかもミスも少ないので仕事を任せられる頼もしい存在です。ただし、人に説明するのがものすごく苦手で相手に対してうまくプレゼンできない。そんな場合は、仕事については委任型でどんどん回してもらいながらも、お客様や上司に説明してもらうときには、プレゼンの組み立て方から伝え方までを指示型やコーチ型で手厚くサポートするといいでしょう。

このように「Aさんは仕事ができるから全部任せておけば大丈夫だろう」とすべて任せてしまうと、仕事以外のスキルが一定のレベルに達していないのに放置されてしまい、思わぬところで問題が発生してしまうこともあります。ですから、メンバーを総合的に見て判断するのではなく、彼らの強み・弱みに着目して、それぞれに応じた形で状況対応型リーダーシップを適用するようにしましょう。

第4章 指示の効果を劇的に上げる作業管理とコミュニケーションのコツ

指示しただけでは作業は進まない

作業を指示するのが苦手、どうやって作業を切り分ければいいのかわからない――ここまではそうしたリーダーに向けて、「メンバーに対してどのように作業を依頼するか」「どのように作業を切り分けるか」をお伝えしました。メンバーに指示が正しく伝わり、メンバーも無事動いてくれるようになったらまずは一安心です。

ただ、リーダーの仕事はこれで終わりではありません。作業を依頼したものの「あとはメンバーがちゃんとやってくれるだろう」と安心し切ってしまうと、あとで思わぬ事態が発生し、痛い目にあってしまうかもしれません。

・メンバーの返事は元気が良かったが、実際にはまったく動いてくれていなかった
・指示が正しく伝わっておらず、意図しない報告を受けた
・トラブルが起きているのに、事態が大きくなるまで隠していた

私もこれまで幾度となくこうした状況に遭遇しました。チームで仕事をする以上、人と人とがコミュニケーションをする以上、お互いの認識がズレたり、意見が食い違って口論になることは避けられません。また、仮に人間関係が良好でない職場環境だったら、メンバーは自分が抱えている問題について報告しづらくなったりもするでしょう。

このように、メンバーに指示したからといって、リーダーが想定した通りに行動してもらえるとは限りませんし、さらに言うなら、実はそれほど簡単なことではないのです。

ですからリーダーは、メンバーに指示・依頼した作業については、状況をできるだけタイムリーに把握して、適切にアドバイスを出せるようにしておく必要があります。

では、リーダーがメンバーの作業を管理する上で、どういったことを見ておく必要があるでしょうか？　ここでは、次の６つの管理項目をご紹介します。

①　期日管理
②　作業量管理
③　品質管理
④　課題管理
⑤　モチベーション管理
⑥　目標管理（生産性、目標達成度合）

さっそく1つずつ見ていきましょう。

①期日管理

メンバーの作業管理と聞いて、真っ先に思いつくのがこの「期日管理」です。ほとんどの仕事には、終えなければいけない期日があります。メンバーに「来週火曜日の午後3時までに」「次の会議までに」「部長が戻ってくるまでに」といった期日や時刻を設定したら、予定通りに作業を終えられそうか、現在どれくらい進捗しているかなど状況を確認し、遅れそうであれば早めに察知して手を打つことが求められます。

作業が遅れがちになると、報告をごまかして、何とか挽回しようとムリして終わらせようとする人もいます。これが1日や2日の遅れであれば挽回可能だったりしますが、「フタを開けてみたら手の施しようがないほど遅れてしまっていた……」というケースも多々あります。今日、明日で終わる仕事であれば、何度も報告を求める必要はありませんが、1週間単位など、時間を要する作業については、適度に状況を確認するべきです。

②作業量管理

作業を指示する上では、期日だけでなく、そのメンバーが現在抱えている全体の作業量も把握しておくことが重要です。

「明日までにできそうな仕事を依頼したけれど翌日になっても出てこない」「メンバーの作業状況を確認したら、依頼した作業以外にもたくさん作業を抱えていて、それらの作業を優先していたので着手できなかった」――こんなことも少なくはありません。

自主的に動いてくれるメンバーに対しては、つい作業をお願いしてしまいがちですが、仕事を頼みやすいメンバーに限って多くの作業を抱え込んでいることが多々あります。リーダーは「Aさんに頼みやすいから」とAさんに頼む、「この作業はBさんが詳しいから」とBさんに頼むといった具合に、メンバーが抱える作業の量を確認せずに依頼し続けていると、作業が特定のメンバーに偏ってしまい、彼らの残業が増え、重労働になってしまう可能性があります。

そうならないためにも個々のメンバーが「今どのような作業をどれくらい抱えているか」を把握しておきましょう。場合によっては、そのためのツールを活用してもよいでしょう。

③品質管理

適切な作業の指示をしたからといって、想定した通りのアウトプットが返ってくるかというと必ずしもそうとは限りません。リーダーは「想定していた作業が期日内に完了したか」「特定のメンバーに負荷がかかりすぎていないか」を管理することも大事ですが、それと同じくらい「アウトプットの品質が十分か」を見極めることも重要です。特に若手社員に仕事を依頼する際には注意しましょう。

たとえば、若手社員によく依頼する作業の1つに議事録作成があります。

議事録作成は、会議の内容を理解し、決定事項やＴｏＤｏ事項を整理することで業務への理解が深まるので、若手社員に依頼することが多い作業です。ただ知識や経験が少ないため、会話の流れや専門用語が理解できていなかったり、話を体系立てて整理するのが難しかったりします。また、議事録の記載内容は、決定事項やＴｏＤｏ事項など、今後のための重要な証拠（エビデンス）になるので、実は重要なアウトプットでもあります。

ですからリーダーは、若手社員に任せっぱなしにするのではなく、議事録が上がってきたら内容を確認し、一定の品質のものを作れるようにサポートする必要があります。

〈常にＱＣＤを意識する〉

作業管理によく使われるフレームワークにＱＣＤがあります。これは、「Quality：品質」「Cost：コスト」「Delivery：納期」の頭文字を取ったもので、この3つは作業管理上は特に重要視される要素です。この場合の「コスト」は「作業量の増加＝人件費の増加」という意味です。

ここまでに挙げた期日、作業量、品質の3つをしっかり意識することが管理の基本です。

さて、期日、作業量、品質の3つ以外に、どのような要素が重要になるでしょうか？

続けて、私が特に重視している3つの要素をご紹介します。

④ 課題管理

まずは「課題管理」です。

メンバーが指示された作業を、何の問題もなくスムーズに終えられることはほとんどありません。たいてい何かしらの問題にぶつかり、それを解決しながら進めることになります。

こうした問題の中には、メンバー自身の手で解決できるものもあれば、メンバーだけでは解決できず、リーダーの支援が必要なものもあります。

たとえば、次のようなケースです。

・先方に資料送付を依頼したら「先方の部長を通せ」と言われた
・作業に着手してみたら、予想外のタスクが含まれていることがわかった
・お客様の要求レベルが高く、こちらの想定とだいぶ異なっていた
・先方のミスでファイルがなくなってしまい、待ち状態となっている

このような問題は、放置してしまうと、プロジェクトのスケジュールやメンバーの作業に

影響が出てしまう可能性があります。ですからリーダーは、こうした課題を認識し、必要に応じて一緒に対処する必要があります。課題を管理する際には、その課題がどの作業に影響を及ぼすかを把握した上で、課題の対応期日を設け、対処にあたることが求められます。

⑤ モチベーション管理

リーダーが意外と忘れがちだけれど、重要なのが「モチベーション管理」です。「今日はやる気が出ない」「夜は楽しみにしていたライブがあるからがんばるぞ」といったモチベーションは、仕事の生産性に大きく影響します。「外発的動機づけ⇔内発的動機づけ」（81ページ）のところでもお伝えしたように、人が動機づけられる理由はさまざまです。メンバー自身が動機づけられる方向とは逆方向に向かってしまうような作業の場合、モチベーションは大きく低下してしまいます。

第2章で「自律性の欲求」「有能感の欲求」「関係性の欲求」という内発的動機づけが高まる3つの欲求をご紹介しました（83ページ）。たとえば、リーダーや同僚と良い関係を構築したい、いわゆる「関係性の欲求」が強いメンバーがいたとします。しかし、その人に与えられた作業が、周りとかかわることなく1人で粛々とデータを解析するだけだったらどうでしょうか？　そもそも他人とかかわる機会が少ないため、モチベーションが低下してしまうリスクがあります。あるいは、「お客様との関係がうまくいっておらず、いつも強い口調で指摘されている」とか、「不得意な作業ばかりさせられて、自分のスキルを十分に発揮できていない」といった状態もモチベーションを下げる原因となるでしょう。

こうした兆候は簡単には発見できませんが、リーダーは常にメンバーの雰囲気にアンテナを張っておくことで、ノンバーバルな部分、たとえば「最近、口数が少なくなった」とか、「前よりも積極的に行動しなくなった」などといったことに気づくことができます。

リーダーは、メンバーのちょっとした変化に気づいて何か問題が起きていないかを見逃さないようにする。そうした心づかいができるように意識しましょう。

⑥目標管理（生産性、目標達成度合）

最後にご紹介するのが「目標管理」です。私はこれまでプロジェクトマネージャやプロジェクトリーダーとして多くのプロジェクトに関与してきましたが、プロジェクトを管理する上で常に意識しているのが「ＱＣＤ＋メンバーの成長」です。プロジェクト管理に重要な要素は「Quality：品質」「Cost：コスト」「Delivery：納期」とプロジェクトマネジメントの教科書には書かれています。しかし、ＱＣＤを達成しても、プロジェクトに関与したメンバーが成長しなければ、本当に成功なのかという疑問が残ります。

私は過去にメンバーとして参画したプロジェクトで、かなりひどい経験をしたことがあります。当時のリーダーがお客様と無理な契約をしてしまった結果、あり得ない量の仕事を短期間の間に行なわなければなりませんでした。その結果、平日は毎日終電帰り、土日勤務も当たり前。プレハブのような施設にプロジェクトメンバー約30人が軟禁状態となり、とてもまともな生活を送ることはできませんでした。結果的に、プロジェクトは何とか終了したものの、メンバーの3分の1が退職してしまいました。

このように、メンバーの状況を度外視して、QCDだけを意識するのはリーダーとして失格です。

私がリーダーになってからはそのときの教訓を思い出し、「たとえQCDを担保できたとしてもメンバーが疲弊してしまっては何の意味もない」「メンバー自身がそのプロジェクトを通じて成長してもらうことこそが大事だ」という思いで「QCD＋メンバーの成長」を大切にするようになりました。

前置きは長くなりましたが、メンバーが加わるタイミングや、プロジェクトやチームの節目にあたるタイミングでリーダーとしてやっていただきたいことがあります。それは**「この期間に何を達成したいか」をメンバーと決めておくことです。**リーダー自身がメンバーに期待することでもいいですし、メンバー自身が「このプロジェクトに参加することを通じてAI技術について詳しくなります」といった利己的な目標でもかまいません。何かの目標を設定して、その期間が終了したときに成長につながったかどうかを確かめる期間を設けてほしいのです。

リーダーは組織としてチームの目標を達成するだけでなく、メンバーのキャリア形成についても責任を持って取り組む必要があると考えています。QCDは達成できたけれど、メンバーはまったく成長できず、退職者も出てしまったとしたら、そのようなプロジェクトは私にとっては失敗です。**チームの作業がうまく進み、かつその一環としてメンバーの成長にも寄与できる**――そんな仕事の任せ方をしてほしいと思います。

この目標管理では、こうした意識を持ち、メンバー自身にも目標達成度合いを振り返りながら仕事を進めることで、成長のための行動を意識的に取ってもらえるようになります。こうした管理までできるリーダーは多くありませんが、メンバーの成長まで意識できるリーダーは、信頼も得られやすくなります。

このようにリーダーには、日々変わるメンバーの作業状況を理解し、状況に応じて柔軟に動くことが求められます。一見管理すべき要素は多いように思えますが、メンバーと適切なコミュニケーションを取っていて、状況を報告・相談してもらえれば、あまり強く意識しなくても管理は可能です。大事なのは「適切なコミュニケーション」です。あなたは適切なコミュニケーションができていますか？　改めてご自身で振り返ってみてください。

なぜリーダーの元に報告や相談が集まらないのか？

「メンバーと適切なコミュニケーションができていますか？」と聞くと、多くのリーダーは「できている」と答えます。しかし、本当にそうでしょうか？

適切にコミュニケーションができているのであれば、リーダーが強要しなくてもメンバーが自主的に報告をしてくれます。また、何かあればすぐに情報を共有してもらえます。でも実態はどうでしょうか？「いつでも相談にきていいよ」と言っているのに、メンバーからは相談にこない。相談にきたら「今の仕事がイヤです」とか「会社を辞めたいです」といった根が深いものばかり。「深刻な状況になる前に何で相談にこなかったのか？」と思っても、もう遅かったりします。

このようにリーダー自身は適切にコミュニケーションができていると思っていても、必要な報告を適切なタイミングでしてもらうことは難しいです。かといって、毎日報告を求めたとしても、「順調です」とか「粛々とやってます」みたいな場当たり的、抽象的な報告にとどまってしまい、作業が遅れているのに報告してくれなかったり、作業遅延につながりそうな問題があっても報告はなく、メンバー自身が抱え込んでしまっている場合があります。

「メンバーが自ら報告してくれない」「適切なコミュニケーションを心がけているがうまく回っていない」――このようになってしまうのはなぜでしょうか？

メンバー自身の問題も考えられますが、まずはリーダーであるあなた自身の言動を見直してみることが大切です。ここでは3つの問題を挙げてみます。

リーダーの問題① 部下が報告してくれているのに話を聞かない

私が若手社員だった頃、パワハラ気質の上司の下についたことがあります。最初にご紹介する2つの問題は、私がメンバーとしてリーダーに報告するときに実際にこうした対応を受け、報告するのがイヤになった経験から、反面教師として意識しているものです。

まず前提としてリーダーは、やるべき作業がたくさんあって非常に忙しいです。そんな中メンバーが「すみません。今回の作業について報告させてください」と言ってきたとします。リーダーはすぐに返信しないといけないメールがあるので、「話だけ聞くよ」という感じで、パソコン画面でカチャカチャとメールを打ちながら報告を聞いたりします。忙しいのはわかりますが、「ながら作業」で聞くと、メンバーは、話をきちんと聞いてもらえているのかどうかわからず、戸惑ってしまいます。

もちろんメンバーが声をかけるタイミングにも問題があるでしょう。それであっても「話を聞く」と決めたのであれば、いったん手を止めてメンバーの報告に集中するべきです。あなたは、パソコンやスマホを操作しながらメンバーの報告を聞いていませんか？

また、このコミュニケーションの目的が「メンバーからの報告や相談事項を聞く」ことであるにもかかわらず、話を聞かずにリーダーが一方的に話してしまうような場面も見受けられます。リーダー自身は自分が伝えたいことを伝えられたので、それで満足かもしれませんが、メンバーにとっては「話を聞いてもらえていない」「結局、リーダーが自分の話をするので、報告に行っても意味がない」と思われかねません。

まずはメンバーの話を聞く。「自分はできている」と思っているリーダーほど、できていなかったりします。

リーダーの問題② 詰める、ダメ出しする、否定する

私が若手社員だった頃に報告をするのがものすごくイヤだった理由がこれです。リーダーに報告すると、リーダーにひどく詰められて、毎回説教のような展開になりました。

「お前さあ、何でそこを考える前に俺に相談にこないんだよ。その考え方はどう考えてもダメでしょ。何でそうなっちゃうの？　ホントやる気あるの？」

当時のことを思い出すと、パワハラと言ってもおかしくないくらい、ボロボロに言われました。作業が遅れると、「朝起きてからどんな行動をして、それぞれ何分かかったのか？」と1つ1つの行動にまで突っ込んでくるマイクロマネジメント上司もいました。

リーダーはチームメンバーに対して「困ったことがあったら何でも相談にきて」という割に、いざ質問してみたら「それくらい自分で考えて持ってこいよ」とか、「忙しいのにそんなしょうもないことを、いちいち伝えにくるな」と注意されたこともありました。また、別のリーダーは相手の意見を受け入れるのがイヤで、自分の考えた通りに物事が進まないと気が済まないタイプでした。彼女の口グセは「ていうか」です。

メンバー「部門担当者に確認したところ、問題ないとのことでした」
リーダー「ていうか、まず部門長に確認とってから聞くべきじゃないの？」
メンバー「依頼された作業が完了しました」
リーダー「ていうか、その作業よりも、こっちを優先してほしかったんだけど」

いかがですか？「ていうか」という言葉は、相手の説明内容をまったく受け入れずに、相手を否定したり、自分の意見を言うためのひと言だということがよくわかります。このようにせっかく勇気を振り絞って報告したにもかかわらず、詰められたり、否定されたりといった状態が続くとメンバーは報告することが怖くなってしまいます。その結果、特に悪い報告は自分の力で何とか対処して、問題がないときだけ報告するといった隠蔽《いんぺい》体質になってしまいます。

私もリーダーから詰められるのがイヤで、当時はちょっとした問題が起こっても報告せず、良い報告だけをしていました。リーダーの態度がチームのコミュニケーションを悪い方向に持っていっていたことは間違いありません。

リーダーの問題③　いつも忙しそうにしている、捕まらない

チームのスケジュールが遅れたり、うまくいかなかったりする理由の1つに、リーダーが捕まらなくて、レビューなどの作業が遅れてしまうことがあります。リーダークラスになると、打ち合わせや外出などが増え、デスクワークをする場合でも、たくさんのタスクを抱えているため、なかなか時間が取れません。メンバーから「どこかで報告の時間をいただけませんか？」と言われても、「ごめん、今日は全然時間が取れないから明日の午後にしてもらえる？」といった具合に、そもそもリーダーがメンバーとコミュニケーションを取る時間が確保できないのは大きな問題です。

組織によっては、カレンダーからスケジュールの空き状況を見て、会議設定することがあると思いますが、忙しいリーダーのカレンダーを見ると、ほとんど予定が埋まっていて、会話できるのは、早朝か深夜ということも少なくありません。

このようにリーダーが常に忙しそうにしていると、メンバーは「こんなことでわざわざ相談するのは申し訳ない」といった気持ちになり、よほど大きな話でない限り、リーダーに相談することはなくなります。リーダーの心に余裕がない状態は、メンバーにも必ず伝染してしまいます。本当は忙しいけれど、心に余裕を持っておくなど、リーダー自身が「声をかけ

づらいオーラ」を出してしまっていないか注意することが重要です。

ここまでご紹介した3つの項目は、どちらかというとリーダーに起因するものでした。次にメンバーに起因するものを2つ挙げます。

メンバーの問題①　資料や考えが粗く、十分に煮詰まっていない

まず1つ目が、メンバーの頭の中で考えがまとまっていなくて、「まだリーダーに報告するには不十分」と考えている場合です。多くのメンバーは、リーダーが忙しくてあまり時間が取れないことをわかっています。そのため、ある程度自分の中で整理できたものを見てもらおうと考えています。「どのタイミングでリーダーに見てもらうか？」は、メンバーにとってはそれなりに難しく、中途半端な状態でリーダーに持っていくと「もっと整理してから持ってきて」と言われかねません。なので、できるだけ自分自身で考えが整理できた状態を目指してはいるものの、整理に時間がかかってしまったり、そもそもどう考えたらいいかがわからず、思考停止状態になってしまうことがあります。

すると、リーダーが状況を尋ねても、「今、整理しています」とか「まだ構成がまとまっていません」といった具合に、なかなか報告をしてもらえないことになります。

私の経験上、数日待っても整理も報告もできない場合、「進め方や考え方がわからない」「そもそも理解が追いついていない」「言えないような問題を抱えている」ことがほとんどです。リーダーは「わからないならすぐに相談してよ」と思いますが、メンバーは「自分の考えが整理できていない状態で持ってくるな」と注意されるのが怖いのです。

何も考えずに、安易に相談してくるメンバーも問題ですが、なかなか話を持ってこないメンバーは「持ってこない」のではなく、「持ってこれない」のです。特に真面目に仕事に取り組むメンバーによく見られるパターンです。

メンバーの問題②「ミスや悪い報告は自分の評価に影響する」と考えてしまう

先ほどのパターンに加えて、メンバーが報告をあまりしない理由がこれです。

たとえば、Aさんが「資料を作ったので見ていただけますか」と言ってきたので見てみたら、ツッコミどころだらけ。後日再びAさんから資料の確認を依頼されたが、またもやツッコミどころがたくさん。こういうメンバーを評価する場合、あなたならどう評価しますか？おそらく「資料の品質が良くない。もう少し丁寧に考えて持ってくるべき」だと思うのではないでしょうか。

一方Bさんは、資料の作成はかなり遅いものの、しっかりとしたものを仕上げてくる。この場合、リーダーにはどう見えるでしょうか？　「時間はかかるけれど、着実に作業を進めて品質も良い」と好印象を持つでしょう。

もちろん個人の実力差はありますが、もしAさんとBさんもどちらも同じ実力だとすると、この違いはアプローチの違いでしかありません。早めに仮説を立ててリーダーに粗い状態で持っていき、壁打ちしながら良いものを作ろうと試みるAさん。かたや時間をかけて自分の中で丁寧に思考して良いものを作ろうとするBさん。最終的には同じ品質になるのであれば、リーダーはAさんとBさんを同じように評価するべきです。

ただ多くの人は、自分のミスを報告するとか、資料を見てもらって間違いが多かったりすることを恐れます。なぜなら、それが自分自身に悪い評価となって返ってきてしまうと考えるからです。

そのため、些細なミスや、自分で解決できそうな問題は、できるだけ独力で解決させてから「問題なく終わりました」とリーダーに報告したいと考えます。その結果、報告が遅れ、リーダーの下にネガティブな情報が集まりにくくなります。

メンバーからの報告が遅れる3つの原因

ここまでパターンをいくつか見てきましたが、結局、何が問題なのでしょうか？　メンバーからの報告が遅れる原因には、次の3つが考えられます。

①メンバーの心理的安全性の欠如

メンバーが報告や相談をする際に、リーダーから否定されたり、ダメ出しをされたり、問い詰められたりする経験をしてしまうと、「次に報告したら、また否定されるのではないか？ダメ出しされるのではないか？」と思い、次第に報告や相談を避けるようになってしまいます。また、リーダーの顔色を見ながら報告や相談のタイミングをうかがうようになり、リーダーとのコミュニケーションにプレッシャーや精神的な負担を感じるようになります。

②リーダーの忙しさや捕まらなさ

いくら温厚なリーダーであっても、「常に忙しくしている」あるいは「予定がびっしり埋まっていてなかなか捕まらない」状況だと、メンバーはリーダーに気をつかってしまい、報告や相談の機会を見つけられず、問題が解決されないまま放置されてしまうことがあります。

また、「リーダーに気をつかってしまう」時点でメンバーの心理的安全性は確保されていないということですから、リーダーが忙しくて時間を取れないのは、かなり大きな問題です。

③コミュニケーションの不備

リーダーがメンバーからの報告を聞いてくれない。あるいは、受け入れてもらえず、リーダーから一方的に話をするだけになってしまう。こうした状況が続くとメンバーは報告や相談をすることに意味を感じなくなってしまいます。

また、「考えがまとまっていないから報告できない」「ミスや悪い報告ができない」という状況も、コミュニケーション上の大きな課題です。作業上発生した問題や悪い報告といったネガティブな情報は、チームとして貴重な情報であるということを、メンバーに理解してもらう必要があります。

このように見ていくと、リーダーとメンバーの双方に問題があるわけですが、どうすれば風通しの良いコミュニケーションができるようになるのでしょうか？

これらの問題を解決するには、まずはリーダー自身がコミュニケーションについてのマインドを変え、メンバーに対してオープンなコミュニケーションを促進するための仕組みを構築する必要があります。リーダーのマインドが変わり、仕組みが変われば、メンバーも安心してコミュニケーションを取れるようになります。

メンバーが報告・相談しやすくなる受け入れ方

まず、リーダーの報告・相談の受け入れ方から見てみましょう。いくらオープンに「いつでも相談にきていいよ」という姿勢を見せていても、なかなか相談にこない理由は、リーダー自身の受け入れ姿勢にあります。

たとえば、メンバーの意見や相談に対して、軽視したり無視したりする。あるいは否定的な反応を示したり、厳しく叱責する。こうした不適切な対応をしてしまうと、メンバーは相談しづらくなったり、メンバー間にリーダーに対する悪いうわさが広まったりします。

メンバーが報告しやすい環境を作るには、チームの心理的安全性を高めることが重要だと述べましたが、その環境作りの第一歩は、リーダーの受け入れ姿勢から始めるのがよいでしょう。

では、リーダーはどのようなマインドセットを持ってメンバーからの報告を受け入れるべきなのでしょうか？　意識しておくべき3つのポイントをご紹介します。

受け入れ方①　まずは報告・連絡・相談してくれたことに感謝する

「チームとして仕事をする以上、リーダーへの報連相は当たり前」という考えはあるでしょう。もちろん、メンバーの側も報連相が重要だと十分に心得ています。それでも心理的安全性が保たれていない環境で報告や相談をするときは、否定されたり叱責されたりするリスクを恐れて、内容を取捨選択することが起こり得ます。

このように、報告・相談の機会はあっても、すべてをオープンに伝えず、情報を隠してしまうことがあります。リーダーであるあなた自身も、上司やお客様に対して、都合の悪い情報や、「今言うべきではない」と思った情報はすぐにオープンにしないと思います。つまり、報連相が当たり前だと思っていても、マネジメントにとって本当に必要な情報は簡単には集まらなかったりするのです。

こうした観点から考えると、メンバーがリーダーに対して言いづらい情報を共有してくれたり、今抱えている問題を包み隠さず相談してくれるというのは、マネジメントにとって貴重な情報を伝えてくれているということになります。

悪い情報を聞かされたときに「何でお前はちゃんと対策を取らなかったんだ！」と感じる前に、「隠さずにちゃんと伝えてくれてありがとう」と感謝の気持ちを持てるか――これがリーダーにとって非常に大切なマインドになります。

私が所属するコンサルティングファームに、メンバーから絶大な信頼を寄せられているリーダーがいます。彼はパートナーという社内のトップの役職にいながら、現場の声にしっかりと耳を傾けています。そんな彼が報告や相談の場で最初に必ず言う言葉がこれです。

「状況をシェアしてくれてありがとうございました」

良い情報・悪い情報といった、情報の内容やレベルに対してコメントをする前に、まず今の状況、課題、問題点などを整理して報告してくれたことに対して感謝の言葉を伝えてくれるのです。

こうしたプロジェクトの現場から出てくる声やお客様の声は、今後の経営方針を考えたり、お客様との関係を構築をする上で非常に重要な情報です。それをインプットできることで、組織の未来にかかわる重要な意思決定に役立つこともあります。ですから、情報の内容に関係なく、まずは報告に対して感謝できるかどうかが非常に重要になるのです。

メンバーからのまとまらない報告、自分の考えもなくやってくる相談、貴重な時間を費やして話を聞いているのに悪い報告しかこない——こうしたことにイライラしてしまう気持ちはわかります。でも、まずはメンバーに感謝の言葉を伝え、そのあとで話の本題に入るようにしましょう。

受け入れ方② ミスや悪い報告を受けたとき「自分の感情」を捨てる

メンバーが報告してくれたことに対しては感謝の気持ちを伝えることができた。でも報告内容があまり良くない。悪い報告だったり、十分に検討できていない内容だったりすると、報告してくれたことに感謝したいと思っても、やはり内心イライラしてしまいます。まず最初のマインドセットとして、報告や相談に対して感謝する気持ちを持つことが大切だとお伝えしましたが、それに加えて重要なのが、リーダーが自分の感情をマネジメントすることです。

リーダーとしてマネジメントすべきことはたくさんあります。チームを引っ張ってゴールに導くために方向性を決める意思決定をしたり、メンバーのパフォーマンスを最大化するために作業を管理したり、メンバーをはじめとする社内外のさまざまな人たちとコミュニケーションを取ったりといったことです。こうしたマネジメントスキルも重要ですが、私がリーダーにとってスキルよりも重要だと思っているのが「自分自身へのマネジメント」です。

リーダーとして仕事をしていると、さまざまなことが起こります。お客様や上司からの理不尽な要求、メンバーが指示した通りに動いてくれない、ミスを連発する、必要なタイミングで報告してもらえない――こうしたことが続くと、本当にイライラしてしまいます。ときには相手をどなりつけたり、感情的になりすぎて適切な判断ができなくなってしまったり、個人にとってもチームにとっても良くない状況になってしまうこともあります。

なるべくそうならないためにも、私たちリーダーは、まず自分自身の感情をマネジメントすることから始めることが重要です。そうすることによって、次々と起こる事象に対して、冷静で論理的な判断を下せるようになります。

メンバーからの報告にイライラしてしまうのは、自分が思ったような行動を取ってもらえないからです。

・先月中に報告にきてほしかったのに、今頃報告にくる
・やってほしい作業の3分の1も終わっていない
・あれだけ気をつけろと言ったのに同じミスを繰り返す

これらの事象は、リーダー自身がそれぞれの作業に対して「こうあるべきだ」という自分の中での期待の範囲を設定していることが多く、メンバーの行動が、こうした期待の範囲からはずれたときに、イライラの感情が生まれます。

この根本的な原因は、リーダーが常に「正常なシナリオ」しか思い描いていないからです。リーダーが思い描くベストシナリオは、確かに先月に必要な報告を受け、メンバーに与えた仕事をきちんとこなし、ミスも改善されている状況でしょう。しかし、人はそう簡単には思った通りに動いてくれません。これを前提に、**思った通り行動してくれない「ワーストシナリオ」も事前に考えておけば、相手が行動してくれないことも自身の想定の範囲として受け入れられるようになります。**

いずれにしても重要なのは**「事象と感情とは切り離して考える」**ことです。状況が良いか悪いかは、その情報を受け取った人の主観でしかありません。自分の期待だけにとらわれて、狭い視野で物事を見るより、ありとあらゆる状況が起こり得るという前提で、起こった事象を事実として受け止めることで、次の一手も打ちやすくなります。

受け入れ方③　原因ではなく対処法にフォーカスする

リーダーにはさまざまな局面を打開して前に進める推進力が求められます。起こった事象に一喜一憂するのではなく、その報告を受けて、「この先どうするか」という点に集中することが大切です。よく犯人探しに躍起《やっき》になる人もいますが、リーダーが見るべき・考えるべきは過去ではなく未来です。

たとえば、メンバーがミスをしてしまった。リーダーは「この前も言ったのに何で同じミスをするの？」とやや感情的になってしまう。こんな場面はよくありますよね。

同じミスを繰り返すメンバーは、何も悪気があって繰り返しているわけではありません。ミスが起こる根本的な原因は、その人の問題ではなく、その人がミスを起こしてしまう環境や仕組みに問題がある場合も多いのです。

指摘したときのリーダーのプレッシャーがきつくて、ビクビクしながら仕事をするようになっていた。あるいは、ほかにもさまざまな仕事を並行して抱えているので、十分に考える時間が取れなかった。また、仕事の難易度が本人のレベルに対して非常に高く、注意して行動してもミスが起きやすいものだった。このように、ミスをしたのはメンバー本人だったとしても、コミュニケーションの取り方や仕事の割り当て方など、リーダー自身が工夫してメンバーの負担を考慮した指示をすることで、回避できたかもしれません。

トヨタ自動車が考案した問題解決を目的とした「なぜなぜ分析」という手法があります。これは起こった問題に対して「なぜ」という問いかけを繰り返すことで問題の真因を把握し、再発防止策を立てることを目的としています。こうした真因を探っていく際にはルールがあり、その1つに「原因を個人に特定しない」というものがあります。つまり、「その人がミスをしたからその問題が起きた」と、**「人」を真因とするのではなく、「なぜその人がミスをしたのか？」と、さらにその原因を掘り下げ、「仕組み」や「ルール」、「環境」に問題がないかを考えていくのです。**つまり、ありとあらゆる問題は、組織のルールであったり、職場環境であったり、何かしらの仕組みが原因で発生していると考えるのです。

つまり、悪い報告や相談については、いつまでもメンバーの行動や考え方を責めるのではなく、マネジメントを行なうべきリーダーが、悪い状況が起こる前に手を打てなかったという点をもっと深く見ていくべきなのです。

ここで「誰が悪いか？」「何が悪いか？」と原因を突き止めるのも必要かもしれませんが、「何が悪かったのか？」と過去を振り返ることよりも、今起きた状況に対して、「これからどういう手を打っていこうか？」という「打ち手」に着目することがより大事になってきます。

悪い報告をしたら、常に原因を探ってくるリーダーよりも、悪い報告に対して、一緒に打ち手を考えてくれるリーダーのほうが、メンバーにとっては心理的安全性が高く、報告や相談をしやすくなるという効果があります。

このようにメンバーから報告や相談を受けるということ自体、貴重な情報のインプットの機会であることに感謝し、事実だけに目を向けて、原因よりも対処法にフォーカスする。こうした行動を取り続けることで、メンバーはリーダーに報告や相談をすることにメリットを感じるようになります。メンバーに「報告しろ」という前に、リーダー自身が報告を受け入れやすい姿勢を自ら作ることが重要です。

次の章では、これをさらに進めて、メンバーが受け入れやすい報告と相談の仕組みについて見ていきます。

第5章
メンバーが活性化するコミュニケーションの仕組みづくり

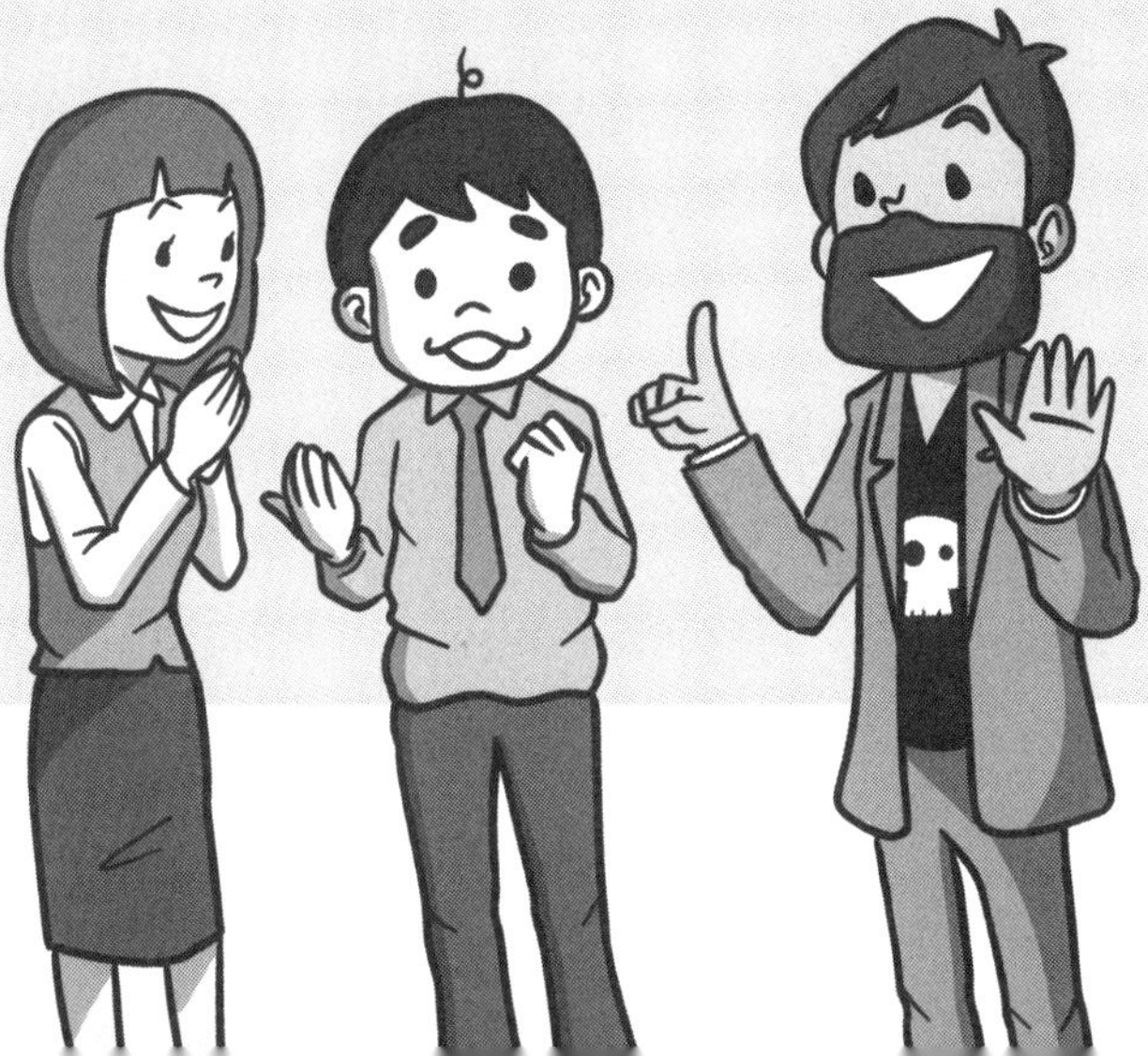

まず変えるべきはリーダー自身の仕組み

チームの仕組みを変えるには、まずリーダー自身が変わることです。このことを意識ができるようになれば、少しずつ仕組みを整え、メンバーが報告や相談をしやすい環境を作っていけるようになります。ではさっそく仕組みを整えていきましょう……と言いたいところですが、その前にまず解決しておくべき大きな問題があります。それは、「リーダー自身が時間を取れない」という問題です。

仕組みを取り入れたとしても、そもそもリーダー自身に時間的な余裕がないと、「相談したいことがあるけれど、リーダーはいつも忙しそう。だから時間を割いてもらうのは申し訳ない」という具合に、いつまで経ってもメンバーの心理的安全性を高めることはできません。ですから、真っ先に取り組んでいただきたいのは「リーダー自身の時間管理の仕組みを変えること」です。

先ほどリーダー自身のマインドセットについてお伝えしましたが、仕組みづくりもまた、リーダー自身の仕組みを見直すところからスタートしなければいけません。これまで作業や会議でなかなか時間が取れなかったリーダーも、自らの時間管理を見直すことで、メンバーに目を向け、報告や相談を受け入れることができるようになります。

まずメンバーからの報告や相談を受けるには、コミュニケーションしやすい環境を整えることが不可欠です。「とても優しいリーダーなんだけど、常に忙しそうだからなかなか声をかけられないんだよね……」といった状況はできるだけ避けたいですよね。こうしたリーダーの忙しさに起因する問題から改善していきましょう。

まずシンプルに次のことを意識してください。それは「**メンバーとのコミュニケーションのための時間を最初から確保しておく**」ことです。1日のスケジュールの中には、資料を作ったり、事務作業をしたりといった、自分の作業をするのに必要な「自分時間」と、メールやチャットへの返信、メンバーが作成した資料のチェック、電話対応、会議への参加といった、ほかの人の作業に使う「他人時間」とがあります。

あなたがまだ若手でメンバーを従えていないのであれば、1日のほとんどを「自分時間」としてスケジュールを組むことができます。しかし、リーダーになって役割が増えてくるにつれて、コミュニケーションや調整事項といった「他人時間」の割合が増えます。これは自然な流れなので仕方ありませんが、問題は他人時間は自分ではコントロールしにくいことです。

たとえば、組織で共有するカレンダーツールで相手とのスケジュール調整を行なうといった場面があるとします。会議調整を行なうときは、参加者のカレンダーを見て、空き時間に会議を設定して相手の予定をもらうことになるでしょう。リーダークラスになると、特に予定を入れずに放置していたら「1日の空き時間が会議予定ですべて埋められてしまっていた！」ということも普通に起こります。

私も1日の作業時間が8時間だとして、そのうち6時間は会議で埋まっていたり、お昼はランチしながら会議という日がごく普通にあります。リーダークラスになれば、当たり前に起こり得ることです。ただその中身を見てみると、

- **お得意先の社長から急に頼まれた資料の説明**
- **別チームからのプロジェクト内容のヒアリング**
- **中途採用に関する人事からの説明会**

といった具合に、自分のメインではない仕事を詰め込まれてしまうことも多かったりします。
そこで私が工夫しているのは、チームメンバーとの会話のための時間を「自分時間」としてあらかじめカレンダー上でブロックしておくことです。基本的に、日々のコミュニケーションのための会議は毎日決まった時刻に設定していますが、突発的な相談や、決まった時間だけでは消化し切れなかった内容など、追加でコミュニケーションを行なうための時間が必要になる場合もあります。そのために、**あらかじめ打ち合わせの予備枠としても使える「自分時間」を確保しておく**のです。そうすることでカレンダー上はブロックされているので、チーム外の人はそこを避けてくれます。もしその時間にメンバーとのコミュニケーションが不要であれば、自分の作業時間として使えます。

毎日、会議や外出などで忙しくても、このようにどこかで必ずメンバーと会話できる時間を確保するようにします。報告を受けるリーダー側の余裕がなければ、メンバーが報告したくても気をつかってしまい、タイムリーに必要な情報が入ってこなくなります。特に自分のチームメンバーとの時間は最優先で確保するようにしてください。

中には「忙しくてそんな時間を取るヒマなんかないよ」という方もいるかもしれません。確かにリーダーは日々多忙で、なかなか時間を取る余裕はないと思います。時間を取る上で、まず見直したいのが自身の作業タスクです。時間管理は作業タスクの管理ともいえます。

「時間がない」理由は「やるべきタスク」が多すぎることに起因します。なので、まずはご自身の作業タスクを棚卸ししてみてください。その中で「本当はすぐにやらなくてもよいタスク」「誰かに依頼できるタスク」「自分がやるべきタスク」を分けて、「本当にやるべきタスク」にフォーカスしてみてください。

それでも「自分がやるべきタスクが多い」人は仕事を引き受けすぎです。リーダークラスになると、すべての仕事を引き受けるのではなく、「引き受けるべきかどうか」の意思決定が求められる場面も増えます。「上司に言われたからやらなくては」ではなく、「上司に言われたけれど、手持ちの作業の重要度を説明したら免除された」を目指しましょう。

チームの仕組みを変える第一歩は、まず「リーダーが自分自身の仕組みを変える」。ここからスタートです。

報告・連絡・相談を仕組み化する

メンバーとのコミュニケーションを取る時間を確保できたら、仕組み作りをスタートします。ここではビジネスの基本、報告・連絡・相談の各場面において、どのような仕組みを作ればメンバーにとってコミュニケーションしやすいか、チームとして効果的かという観点でご紹介します。

報告は「定例」と「マイルストーン」を使い分ける

まず報告について見ていきます。作業の進捗状況の報告、打ち合わせや商談の結果の報告、課題や対応方針の報告など、タスクや業務の状況に関するさまざまな報告があります。

メンバーが主体的に報告をしてくれるのがベストですが、リーダーの顔色をうかがったり、性格的に主体的に行動できないメンバーに対しては、これからご紹介する2つの仕組みを使ってタイムリーに情報をあげてもらうようにしましょう。それは「定例報告」と「マイルストーン報告」です。

①定例報告

定例報告は、決まった日時にその時点の状況を説明する報告です。

たとえば、毎朝状況を報告する「朝会」や、毎週状況を報告する「週次進捗会議」などです。リーダーにとっての定例報告のメリットは、進捗を報告する日時が決まっているので、その時点での最新情報を把握できることです。また、メンバーにとっても、日時が決まっていることで、報告を前提に行動を起こしやすいというメリットもあります。

一方デメリットとしては、報告のための帳尻合わせをしてしまう、いわゆる「報告のための作業」になってしまいやすいことと、開催頻度が高いと、報告の準備のために時間を費やしてしまうことです。また、定例報告は関係メンバー全員が参加することも多いため、会議時間が長引くと、多くの人の時間を割いてしまうので、注意が必要です。

定例報告で効率的かつ正確に状況を把握するためには、定例報告のフォーマットと、報告ルールをあらかじめ設定しておくとよいでしょう。チームに与えられている作業量やプロジェクト内容によっても変わってきますが、たとえば次のようなものです。

①進捗状況：当初のスケジュールに対する現在の状況、遅れている場合の遅延理由やリカ

バリー案などを報告
② 課題：作業を進める中で発生した問題、以前報告した課題の状況などを報告
③ 今後の予定：次の報告までに実施予定のタスク、イベントや会議予定などを報告

こうした報告フォーマットをパワーポイントやエクセルのファイルとして用意しておき、それに記入した上で報告してもらいます。特に、作業を依頼する際に期日をセットで伝える重要性については第2章（58ページ）でお伝えしましたが、報告にあたっては、「期日に対して、現在どのような状況か」と計画と実績をセットで報告してもらうフォーマットを用意します。それによって、予定通りに進んでいるのか、遅れているのかがすぐにわかります。

さらに、報告ルールには次の2つがあります。

(1) 定量報告

リーダーがメンバーの作業状況を見誤る原因の1つに、メンバーからの報告がメンバー自身の感覚で行なわれている、いわゆる定性的な報告であることが考えられます。

たとえば、先週の報告では「80％ほど完了しています」と言っていたのに、今週の報告は「82％です」のように、これまで30％→50％→80％と順調に進んでいたのに、急に1％刻みになってしまうといったことはありませんか？　これはメンバーが自分の感覚で作業していて、最初は順調に進んだけれど、途中で何らかの問題にぶつかり、思っていたより時間が

かかりそうだと気づいた。そんな場合によく見受けられます。

このように、感覚に基づく定性報告は、リーダーも間違って受け取ってしまうため注意が必要です。


では、どうすればいいでしょうか？

本人の感覚ではなく、事実ベースで報告してもらうことが重要です。そこで作業管理上よく用いられるのが「定量報告」です。

定量報告とはその名の通り、定められた量、つまり作業を数えられる単位に分解して、その単位に基づいて状況を報告します。数えられる単位には次のようなものがあります。

- **整理すべき項目数**
- **作成する資料のファイル数**
- **プログラム本数**
- **作業手順、作業ステップ数**

こうした報告できる単位を考えた上で、「全部で10本ある作業のうち、今週は5本完了させる予定でしたが、まだ3本しか完了していません」といった具合に、「全体↓予定↓実績」という流れで報告してもらうことで状況を正しく把握できます。

（2）事実と解釈を明確にする

リーダーは、メンバーの作業状況を「これまでやってきた作業が現時点でどうなっているか？」という過去から現在を事実ベースで把握することが必要です。その上で、「現時点の事実に対してこの先どうなっていくのか？」と先々の状況を予測し、メンバーにどのように行動するかをアドバイスしなければいけません。そのために、メンバーからは事実に基づいた定量報告と同時に、事実に対して、メンバー自身はどのように解釈し、どのような行動を取ろうとしているかについても確認します。

メンバー自身の考えを報告してもらうためには「その状況を踏まえて、○○さんは今後どうすればいいと思う？」と、先々の行動について質問します。

また、メンバーに対して「空・雨・傘」というフレームワークを使ってもらってもいいでしょう（「空・雨・傘」フレームワークは169ページで解説します）。

② マイルストーン報告

定例報告が決まった日時にその時点の状況を報告するのに対し、「マイルストーン報告」は、全体の作業のうち、特定のポイントまで到達した時点で報告してもらう方法です。マイルストーンとは、ビジネスにおいては中間目標地点という意味があり、よくプロジェクトなどでスケジュールを設定する際に使われます。

つまり、「作業全体をいくつかの報告ポイントに分けて、そのポイントに到達するごとに報告してもらう」のがマイルストーン報告です。

たとえば、役員向けの報告資料の作成をメンバーに依頼したとします。そのときにメンバーから「いったん作ってみたので確認をお願いします」と、いきなり完成版を持ってこられたらどうでしょうか？

もし、内容がリーダーの想定通りで、「これなら役員に報告しても問題ない」というレベルならば問題ありませんが、たいていの場合、リーダーが思っていた通りの資料は出てきません。内容をチェックしたら、「とてもではないが、このまま役員に提出できない」場合、「資料を一から作り直してくれ」とは言いづらいですし、作り直させたとしてもかなりの時間のロスになるでしょう。

そうならないためにも、「資料が全部できたら報告」ではなく、作業にいくつかの中間ポイントを設け、その都度報告してもらいます。たとえば、次のようにポイントを設定します。

- **アジェンダができたタイミングで報告**
- **全体の流れ、ストーリーができたタイミングで報告**
- **スライドが1枚できたタイミングで報告**
- **全体の半分のスライドができたタイミングで報告**

・すべてのスライドができたタイミングで報告

各タイミングに達した時点で報告してもらえるように、メンバーと事前に認識を合わせておきます。

この例はかなり大量の資料を作成するときのパターンなので、報告のタイミングを細かく設定しています。ですから、中間ポイントをいくつ設定するかは、その都度メンバーと相談しながら決めます。特に最初の方向性を決める段階で、リーダーとメンバーとの間にズレが生じてしまうと、何か問題が発生したときの手戻りの作業の量が増えます。事前にきちんとすり合わせておくことが重要です。

実際には、厳密にマイルストーンを設定しなければならない作業はそれほど多くないため、最初から細かい話をする必要はありません。たとえば、こんな感じに伝えます。

「いきなり資料をすべて作ってしまうと、万が一方向性が違ったときに手戻りと時間のロスが発生します。だから、中身が完成しなくていいから、アジェンダができたタイミングで一度持ってきてください」

メンバーに最初に意識してもらうのは「完成するまで報告しない」という考えを捨てても

らうことです。「リーダーとメンバーが方向性についてきちんと合意できていて、あとは一気に作業を進めるだけ」という状況になるまで、何度でも会話の機会を設けて軌道修正することが重要です。

このようにマイルストーン報告は有効なのですが、その一方で報告のタイミングは定例報告よりも難しくなります。

「マイルストーンに到達したタイミング＝報告のタイミング」としてしまうと、メンバーの作業が終わったタイミングで報告を受けなければならず、当日予定していた作業に割り込む形になってしまいます。かと言って、そこから会議を設定していては、タイムリーな報告を受けることはできません。

ですから、マイルストーン報告を受ける場合には、5〜10分で対処できるものはその場で、資料チェックなど時間をかけて作業内容を確認したい場合はマイルストーンに達した日に報告がもらえるように、メンバーが作業完了のめどがついたタイミングで会議を設定してもらうようにします。

もしリーダーが、あらかじめ「メンバーとのコミュニケーションのための時間」をスケジュールに組み込んでいたら、メンバーの作業完了が締め切りギリギリになったとしても、急な割り込みとならずに確認作業が行なえるはずです。このように、作業の節目、節目でコミュニケーションを取ることが、会話の頻度を増やし、かつアウトプットの品質や作業効率を高めることにつながります。

ぜひ定例報告とマイルストーンをうまく組み合わせて、メンバーが報告しやすい仕組みを考えてみてください。

報告に「空・雨・傘フレームワーク」を使う

先ほど定例報告の説明の途中で少しふれた「空・雨・傘」フレームワークについて詳しく解説しましょう。ご存じの方も多いと思いますが、「空・雨・傘」とは、コンサルティングファームなどで使われている問題解決のためのフレームワークです。問題解決だけでなく、ビジネス提案やプレゼンテーションといった相手に説明する場面のストーリー作成にもよく用いられます。

「空・雨・傘」とは次の順序で、現状認識から行動に至るまでのプロセスを分解・整理したものです（次ページ図4）。

空：空を見たら雲が広がっている（事実）
雨：どうやら雨が降りそうだ（解釈）
傘：なので傘を持っていこう（行動）

図4　空・雨・傘フレームワーク

空を見たら雲が広がっている「事実」を見て、その事実から「もしかしたら雨が降るのではないか？」と「解釈」します。その上で「傘を持っていこう」と「行動」を導き出す流れです。

メンバーの状況を正しく理解するには「この作業は、たぶんうまくいかないですよ」といった、メンバーの意見（解釈）の前に「この作業では、先方からスケジュールの提示がない、担当者が捕まらないなど言っていることがコロコロ変わる」という事実に基づく説明があれば「うまくいかない」という解釈に納得できます。

しかし、こうした報告に不慣れなメンバーは、「事実を飛ばして自分の解釈だけを述べる」、あるいは、事実を報告するものの「事実に対する自分の解釈や行動に関する説明がない」といったことになりがちです。ですから、**メンバーには常に「事実・解釈・行動」をセットで報告す**

ることを意識してもらうようにします。

ここでメンバーが事実だけしか報告しなかった場合を考えてみましょう。

たとえば「先方からもらうはずの資料20ファイルのうち、現時点で8ファイルしかいただいていません」としか報告しなかった場合、どうすればいいでしょうか？　この場合は「もらえていなかったらどうなるの？」といった質問をして、その解釈を尋ねましょう。

このとき良くないのは「もらえていなくても大丈夫？」といった具合に、イエスかノーかを聞いてしまうことです。すると「まだ余裕があるので大丈夫です」といった答えが返ってきます。これだと、メンバー自身の解釈を聞き出せません。ですから「その事実に対してあなたはどう考えるのか？」とオープンクエスチョンを使うのがポイントです。

また、メンバーが自分の解釈しか述べなかった、たとえば「おそらく明日から本部長と会話するのは難しいと思います」という場合はどうすればいいでしょうか？

この場合は、「どういった事実に基づいてそういう解釈になったか」を質問します。たとえば「なぜ難しくなるの？」と「Ｗｈｙ」で問いかけます。あるいは「会話が難しいということは、本部長は何か問題でも抱えているの？」などと聞きます。

このときにメンバーから「実は、本部長は明日から海外出張が入っているので、アメリカとの時差の関係で直接会話するのは難しいと思います」といった、事実に基づく情報が得らればOKです。何を根拠にそういう解釈をしているのかを確認し、その根拠が事実に基づいているのであればその解釈は正しいとわかります。逆に「いつも週末は忙しそうなので……」といった答えの場合は、単なる推測なので、事実を確認してもらうようにします。

ここまでの報告でも、内容としては十分なのですが、「空・雨・傘」の「傘」に相当する行動まで意識できると、より良い報告になります。メンバーの多くは、事実と解釈を伝えた上で「この場合、私はどうすればいいですか？」と次に取るべき行動を尋ねてきます。確かに、リーダーに行動を指示してもらうことで、より良い結果になる確率は上がるでしょう。

ただ、リーダーから行動の内容を指示されるのが前提となっていては、これまでに何度か述べた「メンバーが自ら考え、主体的に行動をするチーム」にはなりません。そこで、メンバーには「傘」までセットで報告してもらうためのルール作りが必要になります。

もしメンバーから事実・解釈の報告があり、「それで私はどうすればいいですか？」と指示を仰がれたら、「自分としては、どうすればいいと思う？」と逆質問をしましょう。

たとえば、「雨が降りそうだ」という解釈に対して、「傘を持って出かけるのか？」「出かけるのをやめるのか？」「レインコートを着ていくのか？」と、行動にはさまざまな選択肢があります。**リーダーが最初から自分の考えを伝えるのではなく、まずはメンバー自身がどう考えているかを引き出した上でアドバイスします。**そうすることがメンバーの思考をうながし、自ら主体的に行動できるきっかけとなります。

このように、「空・雨・傘」フレームワークがメンバーに浸透すると大きな効果を発揮します。最初は、事実と解釈を混同してしまったり、事実ではなく自分の解釈しか報告しなかったりと、いろいろ問題は起こるでしょう。しかし、徐々に「空・雨・傘」をセットにして報告できるようになるはずです。そうなれば、リーダーは常に「事実に基づいた正確な情報」を入手できるようになります。

連絡は「関係者全員」が「同時に受け取れる」ようにする

次に連絡の仕組みについて解説します。

報連相における連絡とは、作業を行なう中で得た情報や、チームに役立つ情報など、自分が知り得た情報を、関係者に伝えることを指します。報告はどちらかというと、リーダーから指示された作業について、メンバーが現在の状況を伝えるという目的であるのに対し、連絡は報告事項以外にも共有したい事項を伝えるといった感じでしょうか。いずれにしても個々のメンバーが情報を1人で抱え込まずに、リーダーやほかのメンバーにも共有することが重要です。

連絡を行なう上で重要なポイントがあります。それは、「情報を受け取るべき関係者全員が同時に情報を受け取れる」ことです。

たとえば、今週中にお客様に納品しないといけなかった成果物の納期が、お客様の予定変更によって来週に延期になったとします。メンバーは皆、今週中の納品だと思っているため、がんばって仕事に取り組んでくれています。作業に関係するメンバー全員に迅速に伝えるにはどうしたらよいでしょうか？

メンバーが出社していたら、その場で伝える。あるいは定例会議の場で参加者に伝える。メールやチャットで伝える。このように方法はいろいろあるかもしれません。ただここで、「その情報が関係者全員に同時に伝えられているか？」を意識することが重要です。その情報を聞き逃したメンバーは、そのことを知らずに引き続き仕事を続けてしまうでしょうし、聞き逃したメンバーに伝えたとしても、それが週末ギリギリだったとしたら意味がありません。

出社しているメンバーにはオフィスでその情報を伝えられるとしても、リモートワークをしているメンバーには同じタイミングでは伝わらないかもしれません。「あとで伝えようと思っていたが忘れてしまった」ということも起こり得ます。リーダーがそれを意識できていて、伝え漏れがなかったとしても、メンバー全員に常に漏れなく情報が伝わるようにするには、「関係者全員が同時に受け取れる」仕組みが必要です。

すでに実践されている方も多いと思いますが、私が最も効果的だと思うのは、Microsoft TeamsやSlackなどのチャットツールでチームのグループを作成することです。

私がプロジェクトマネジメントの資格取得のために勉強していた15年ほど前、コミュニケーションを行なう上で重要なことは「コロケーション（Co-location）」であると学びました。**コロケーションとは、プロジェクトメンバーが同じ場所に集まって、一緒に仕事をするほうが、コミュニケーションの密度が上がり、生産効率も上がる**ということでした。

確かにみんなが1カ所に集まると、全員が同時に情報を共有できます。２０２４年10月、米国アマゾン・ドット・コムが週５日出社を義務づけましたが、同じ場所で一緒に仕事をすることのメリットを重視したのでしょう。

現在、日本ではハイブリッドな働き方が主流になりつつありますが、大きなプロジェクトなどは、専用のプロジェクトルームを借りて、メンバー全員を集めて一緒に作業をしているケースもあります。

しかし、今や働き方は多様化しており、リモートワークを中心に、子育てをしながら時間を決めて働くフレックスや時短勤務を選択する人も増えています。またオフィスに出社しても、フリーアドレスで固定席がないケースもあるでしょう。

このように、理想的なコロケーションは、作業環境によっては実現が難しいかもしれません。このような多様化した作業環境で、「関係者全員が同時に連絡を受け取る」ための優れた手段が、前述のチャットツールです。

チャットツールは、個人間でメッセージのやり取りができること以外にも、特定のチャットグループ（「ルーム」「スペース」「チャネル」などと呼ばれます）を作成して、そこに関係者全員が参加してコミュニケーションを取ることができます。チーム全体に関係する連絡事項にはチャットグループを使うことにするのがいいでしょう。

よく複数名でDM（ダイレクトメッセージ）メンバーを作成して、その中でコミュニケーションを取るパターンもありますが、これはあくまでそのメンバーだけで共有すべきことがある場合に限られます。DMによるやり取りは、あくまでそのメンバーだけのクローズドな場として位置づけ、全員に共有すべき情報はチャットグループでやり取りをするようにルールとして決めておきましょう。

かつては関係者全員が参加するメーリングリストを作成して、連絡事項をメーリングリスト宛に送る方法がよく用いられていました。しかし、メーリングリストはメンテナンスが面倒で、チームを抜けたメンバーにずっとメールが届いてしまったり、新規メンバーの登録が漏れているといったことがよく起こっていました。

それに対して、チャットツールは、メンバーの登録や削除が簡単に行なえるため、管理が簡単です。

もうすでに運用されている方も多いかと思いますが、ツールを活用する目的は「関係者全員が同時に情報を受け取る」ことです。この意識があれば、今後の働き方やツールの変化にも柔軟に対応できるでしょう。

相談は「壁打ち」「わいがや」「1on1」でメンバーを支える

報告、連絡ときて、最後に解説するのは相談の仕組みです。相談は、報告や連絡とは少し色合いが異なります。報告と連絡の目的が「情報を適切に伝える」であるのに対し、相談の目的は**「メンバーの問題を解決する」**ことです。

ですから相談は、内容に応じてコミュニケーションの手段や仕組みを使い分けなくてはいけません。まず相談にはどのようなパターンがあるか挙げてみましょう。

- **作業内容が間違っていないかチェックしてほしい**
- **作業のアイデアが湧かないからアドバイスがほしい**
- **個人的な悩みがあり、相談に乗ってほしい**

私がパッと思いついたのはこの3つのパターンです。一口に相談といっても悩みは人それぞれで多様です。メンバーからの相談に対して、リーダーはどのような方法で相談に乗るべきでしょうか？　ここから、パターン別に見ていきます。

資料の確認やチェックでは「壁打ち」相手になる

メンバーからよく相談されるのが「依頼した作業内容の確認」です。作業内容の確認というと、よくあるのがメンバーのアウトプットに対して、「レビュー」という形でアウトプットの品質をチェックするパターンです。レビューは品質面を見極めるには非常に有効な手段です。しかし、レビューの性質上、アウトプットをある程度完成させないといけないため、メンバーとしては「中途半端な状態では持っていけない」ことになります。

特に若手のメンバーは、「本当にこの内容で合っているのかな？」「このまま進めて、伝わる資料になっているのかな？」と疑問を抱きながら作業を進めることになります。しかし、リーダーに確認できる機会がレビューのときだけといった場合、半信半疑なままアウトプットを完成させなくてはいけません。そうした場合、レビューによって多くの指摘を受け、かなりの手戻りが発生してしまいます。

そうならないように取り入れていただきたい仕組みが「壁打ち」です。

リーダーはメンバーのアウトプットを評価（レビュー）するだけではなく、**アウトプットを生み出す過程で、メンバーの壁打ち相手となり、アウトプットの方向性や問題の解消などメンバー自身が作業を抱え込まないようにコミュニケーションの準備があることを示します。**

このとき「アウトプットを見てあげる」という上から目線ではなく、メンバーが相談しやすいように「壁打ち相手になるから、いつでも持ってきて」と伝えるとよいでしょう。あるいは、「全然、柔らかい状態でも大丈夫なので、一緒に良いものにしていこう」などと伝えても、メンバーは相談しやすくなります。

思考が固まっていないメンバーとは「わいがや」で解決

壁打ちと同様の相談方法として**「わいがや」**という方法があります。私がまだ駆け出しのコンサルだった頃、どうがんばっても思考のプロセスが見えずに頭が混乱していた時期がありました。当時のリーダーは、そんな私を見て、よく「わいがやしようぜ！」と声をかけてくれました。

わいがやとは、自動車メーカーのホンダが取り入れている議論の手法です。「夢」や「仕事のあるべき姿」などについて、年齢や職位にとらわれずワイワイガヤガヤと腹を割って議論するホンダ独自の文化だといわれています。このように、新しいアイデアを生み出す際には、「1人で考え込まずに一緒に考えよう」という仕組みがあると、メンバーの思考が活性化して、前に進めるようになります。

壁打ちがどちらかと言えばアウトプットがすでにできはじめていて、その質を高めるための仕組みであるのに対して、わいがやは、アウトプットを生み出すためのプロセスや、アイデアが出てこないときに方向性を見出すための有効な仕組みです。

駆け出し時代の私は、資料を作成することになったものの「どのような内容を書けばいいのかわからない」「どういった流れで書けばいいのかわからない」といった状況で、資料を作成する前の段階で完全に手が止まっていました。リーダーに声をかけられ、わいがやをする中でヒントを得て、資料作成のきっかけをつかめたことを覚えています。

とはいえ、特に若いメンバーにとっては、まったく何もわからない状態でリーダーに相談するには、勇気が必要になるかもしれません。

・「こんなこともわからないのか？」と言われるのが怖い

・そのときは丁寧に対応してくれても、あとで評価として返ってくるのが怖い

・正直まったくアイデアがないので質問されても答えられないのが怖い

こんな不安が少なからずあるでしょう。すると「相談したいけれどできない」となってしまいます。

ですからリーダーは、こうしたメンバーの兆候にいち早く気づき、サポートすることが必要になります。具体的には定例報告やマイルストーン報告などを通じて、作業が思った通り進行していない状況を察知し、「前に進めないとか、進め方で困っていない？」などと確認します。メンバーが「考えてはいるのですが、なかなか良い方法が思いつかなくて……」と返ってきたら、「じゃあ30分くらい、一緒にわいがやしようか」という形で持ちかけます。

わいがやを行なうときに意識しておくと良いポイントが2つあります。

1つは、リーダーはあくまでメンバーに作業に対する気づきを与えるという点に主眼を置くことです。あくまでリーダーはメンバーの伴走者であり、メンバーが自分の力で考えを導き出すという前提で発言するようにします。リーダーがいきなり答えを教えるのではなく、**メンバーが答えを導き出せるようにヒントを与えます。**

具体的には「こうした事例だと、まず状況調査から入っていくつかのパターンに分けるということを私ならやると思うよ」といった、自らの経験やほかの事例を伝えたりします。そうでないと、わいがやのつもりでアウトプットの答えを求めてしまう「考えないメンバー」が生まれるリスクがあります。あくまで考える主体はメンバーで、リーダーはそれを補助する役目だということは常に意識しておきましょう。

そしてもう1つは、なかなかアイデアやプロセスが思いつかないメンバーをその場では評価しないことです。大切なのは、メンバーが自らの壁をいかに乗り越えるかです。わいがやを行なった結果、進め方が明確になり、正しいアウトプットを導き出したときに評価するようにしましょう。

このように、「リーダーは壁打ちやわいがやという形で相談に乗ってくれる」という意識がメンバーに生まれたら、リーダーに相談しにくる回数が増えます。こうした仕組みを作ることがコミュニケーション活性化の第一歩です。

個人的な悩みや相談は「1on1」で話を聞く

メンバーが複数人いる環境の中でほかのメンバーも含めて会話をするべきか。それとも、1対1（1on1）で会話をするべきか――とても悩ましい問題です。一般的に1on1が有効とされるのは次のような場面です。

・個人の目標設定とフィードバック
・将来のキャリア形成
・個人的な悩みの相談
・個別の支援やアドバイス

たとえば、仕事がうまくできたメンバーを褒めたい場合は、できるだけ多くのメンバーが集まる会議の中で褒める。一方メンバーの言動に問題があり指摘したい場合は、全員の前で叱責するのではなく、個別に会話をして論理的に言動の問題点を指摘する。このように、良い情報はできるだけ多くの人に、悪い情報や個人的な話などはできるだけ1on1でとコミュニケーションを使い分けることが必要です。

特にチームで作業をしている場合、すでにメンバー同士が信頼し合えるような関係を構築できているのであれば問題ありませんが、チーム結成の最初の頃はさまざまな問題を抱えてしまい、メンバー間でもトラブルが発生することがあります。こうした問題については早急に1on1を設定して個々のメンバーの話を聞くことが必要です。

このように、まずはリーダー自身の時間管理の考え方を変え、メンバーとのコミュニケーションの時間を十分に確保する必要があります。その上で、報告・連絡・相談といった状況に応じてメンバーと適切にコミュニケーションを行なうための仕組みを構築するようにしましょう。

私がプロジェクトマネジメントを学んでいた頃、当時の教科書に**「マネジメントはコミュニケーションが9割」**とありました。それから15年以上経過して改めて思うのは、本当にその通りで、リーダーとしてチームをマネジメントするためには、メンバーだけでなく、社内の上層部や関係部署、取引先やお客様といった、多くの関係者との接点になる役割が求められます。

私自身リーダーやマネージャとして活動するようになってから、こうしたコミュニケーションに多くの時間を費やすことで、プロジェクトを円滑に進めたり、さまざまな問題を解決してきたりしました。

私の経験上一番難しいと感じたのは、自分自身の時間管理です。リーダーはこうしたさまざまな関係者のハブになるため、リーダー自身が一番のボトルネックになりがちです。ですから、リーダー自身の時間管理の仕組み作りは、最優先で取り組むことをおすすめします。

第6章

「指示なし」で回るチームになる！

これから求められるリーダーシップ

ここまでリーダーがどのようにしてメンバーに作業を依頼し、コミュニケーションを取っていくか、またそのためにどのようにマネジメントするべきか、さらに、それらをどのように仕組み化していくかについて具体的に解説してきました。この章では日々のマネジメント業務を通じて、どのようなリーダーを目指すべきかについて見ていきます。

第1章で、リーダーシップのパターンとして「支配型リーダーシップ」「支援型リーダーシップ」をご紹介しました（45ページ）。

- **支配型リーダーシップ：三角形の頂点からチームメンバーを牽引する**
- **支援型リーダーシップ：逆三角形の底からチームメンバーを支える**

現在のビジネス環境や私たちの働き方を見ていると、これまでの支配型リーダーシップには限界が見えはじめています。特に、働き方や働く場所が柔軟になってきた現在の環境下においては、リーダーがメンバー全員の作業を完全に把握することは難しく、指示も十分に届かなくなってきました。これからは、リーダーが指示を出して作業をさせる「支配型」のリーダーシップよりも、メンバー自身が自律的に作業を実行し、リーダーは彼らの作業を支える「支援型」のリーダーシップが重要だという風潮になっています。

「それであれば、これからは支配型ではなく支援型に徹すればいいのか」と安易に考えてしまいがちですが、支援型リーダーシップも良い面ばかりではありません。弱点もあります。ここでは支援型のリーダーシップについて解説しながら、将来あるべきリーダーシップについて考えます。

まず前提として、働き方は大きく変化し、リーダーはメンバーに対して1つ1つの作業を指示するのではなく、できるだけメンバーに主体的に行動してもらえるように支援していくことが重要だということはこれまでお伝えした通りです。つまり、**「指示出し」から「指示なし」へのシフト**です。

それにともなって、リーダーシップも「メンバーの作業状況を把握し、適切に指示を繰り返しながら結果を求めていく」というスタイルから「メンバーが主体的に作業ができるように支援し、チームとしての成果を最大化するために調整を行なう」というスタイルに変化してきています。つまり、リーダーという地位を利用して人を動かす「ポジションパワー」から、メンバーとのつながりやリーダー自身の人柄によって人を動かす「ヒューマンパワー」へのシフトが求められてくるということです。

「支援型リーダーシップ」の3つの弱点

支援型リーダーシップは、メンバーに主体的に動いてもらえるように、働きやすい環境を提供し、問題に対してさまざまな関係者とコミュニケーションを取ります。このような縁の下の力持ちとしての役割は非常に大切ですし、効果的でもあるのですが、いくつかの弱点があります。ここでは「支援型」リーダーシップを行なう際に起こってしまいがちな問題を3つご紹介します。

① 統率力・方向性の欠如

まず最初に起こりがちなのは、メンバーの支援に回りすぎるあまり、リーダーとしての統率力が低下してしまうことです。支援型リーダーシップはメンバーの意見を尊重し、彼らに大きな自由を与えることを目的としています。そのため、メンバーに自由を与えすぎると、リーダーの統率力が弱まり、チーム全体として方向性や規律がゆるんでしまうリスクがあります。メンバーが思い思いの行動を取ってしまうと、チームとして統制がとれず、バラバラになってしまうため注意が必要です。

そうならないためにもリーダーは、メンバーの意見や行動を尊重し支援しつつも、自身が目指す姿や方向性をきちんと持っておく必要があります。特にメンバーが経験不足である場合や、自律的に動く準備が整っていない場合などは、リーダーから明確な方向性や具体的な指示を出さないと、メンバーはどこに向かって進めばよいかがわかりません。

② 意思決定の遅れ

支援型リーダーシップは、メンバーの意見を尊重する傾向が強いため、メンバー間での合意形成を待っている間に意思決定が遅れて、機会を逃したり、混乱を招くリスクがあります。


こうした状況は私自身もメンバー時代に経験したことがあります。当時のリーダーは、特に自分から指示を出すことはなく、こちらから「どうすればいいですか？」と指示を仰ごうとしても、「どうしたらいいと思う？」と質問で返され、明確な方向性を示してもらえませんでした。もちろん、メンバーに主体性を持たせるために、リーダーがあえて答えを出さずメンバー自身に考えてもらう姿勢は重要です。しかし、プロジェクトの重要な意思決定にかかわる話となるとまた別です。

結果的にそのプロジェクトは進捗がかなり遅れ、リーダーが意思決定の場面でもなかなか方向性を示してくれなかったため、メンバーからの信頼を失い、結果としてチームがバラバラになってしまいました。

　支援型リーダーは、基本的にはメンバーの自律性を重んじつつも、緊急時や重大な決断が求められるような場面においては、リーダーが主体的に意思決定にかかわることが重要です。

③リーダーの負担が増加する

　支配型リーダーシップと支援型リーダーシップとでは、メンバーとのかかわり方も大きく異なります。支配型リーダーシップでは、チーム全体を取りまとめて先導していくという役割が求められていました。そのため、メンバー1人1人とコミュニケーションを丁寧に取る時間よりも、チームの司令塔として作業状況を管理したり、先々を見据えた行動を取ることに注力することになります。

　一方、支援型リーダーシップは、これらの全体管理を行なった上で、メンバー1人1人のサポートにも時間や労力を費やします。そのためリーダー個人にかかる負担は大きく、リーダー自身のパフォーマンスに悪影響を及ぼすリスクがあります。

　特に、働く時間や場所がバラバラのチームでは、リーダーの声がなかなか届きにくくなります。ですから、リーダーの思いや考えをメンバーに伝え、主体性を持ってもらうために、丁寧にコミュニケーションを取ることが求められます。つまり、従来に比べてコミュニケーションに費やす時間も増えます。そのため、リーダー自身が本来やるべき仕事を日中に行なえなくなることがあります。

ハイブリッド型リーダーシップのすすめ

では、これから求められるリーダーシップとはどのようなものでしょうか？
それは、「支配型」と「支援型」の両面をフォローする**「ハイブリッド型」のリーダーシップ**です。これまでお伝えしてきた通り、「支配型」「支援型」にはそれぞれメリット／デメリットがあります。

ここでお伝えしたいのは、リーダーシップを「支配型」「支援型」の二項対立で考えるのではなく、両者の良いところ取りしてバランスを取るのが重要だということです。最近の流れを見ていると、「支配型リーダーシップは年功序列、終身雇用の昔の日本だから通用していた。でも、これからは支援型リーダーシップに移行していかないとダメ」といった傾向があります。

しかし、先ほど見たように支援型リーダーシップにも「統率力の欠如」「意思決定の遅れ」「リーダー自身に負荷がかかりすぎる」といった弱点があり、万能ではありません。

次ページの表1は、「支配型」「支援型」「ハイブリッド型」の各リーダーシップの特徴を比較したものです。こうして並べてみると、これまでの支配型リーダーシップよりも支援型リーダーシップが現在の作業環境に合っているように見えます。ハイブリッド型リーダーシップは、基本的には支援型リーダーシップを軸としつつ、場面に応じてチームを統率する支配型リーダーシップの要素も取り入れることで、両面の弱点を補完しています。

ハイブリッド型リーダーシップでは、状況に応じてスタイルを柔軟に切り替えることが重要になります。たとえば、メンバーが自律的に行動できることに対しては支援型でサポートし、難易度が高く、緊急性が求められるような場合は率先して方向を決め、行動をうながす支配型で臨みます。

また、メンバーを支援するだけでなく、「チーム全体がどの方向に向かうべきか」を明確に示す力が求められます。その過程でメンバーの意見も取り入れ、チーム全体がより良い形でゴールを目指せるようにします。

表1　各リーダーシップの特徴

	支配型リーダーシップ	支援型リーダーシップ	ハイブリッド型リーダーシップ
リーダーの役割	チームを先導して引っ張ること	チームを支援して支えること	チームを先導しメンバーを支える
チーム成功の定義	チームとして競争を勝ち抜くこと	チームとして目標達成し、皆がWin-Winであること	チームとして目標達成し、皆がWin-Winであること
チームの推進方法	リーダーの高い地位を利用した推進	メンバーの自律性を重視した推進	メンバーの自律性を重視した推進
意思決定	リーダー自身が行なう	メンバーの意見を尊重する	メンバーの意見を尊重しつつ、状況に応じてリーダー自身が行なう
コミュニケーション	指示、命令が中心	傾聴が中心	傾聴を中心とし、緊急場面では直接指示を行なう
メンバーの主体性	リーダーの指示を受けてから行動	リーダーに先回りして自主的に行動	リーダーに先回りして自主的に行動
メンバーの作業感覚	リーダーに従っている感覚	自らチームに貢献している感覚	自らチームに貢献している感覚
リーダーとの距離感	遠い	近い	近い

どうすれば「指示なし」チームになれるのか？

リーダーの行動次第で、メンバーは「指示待ち」にも「指示なし」にも変化します。「ハイブリッド型リーダーシップが理想」とは言ったものの、具体的にどうすればメンバー自身が主体的に動いてくれる「指示なし」チームになれるのでしょうか？

現在、私が担当しているプロジェクトの中で、メンバーが主体的に行動し、アウトプットを生み出しているチームがあります。メンバーは入社2〜4年目が中心の4人チームで、私があれこれ指示を出さなくてもメンバーが率先して行動してくれます。そのため、私は全体の調整や今後の計画などの作業に十分に時間を使うことができます。チームとして非常に効率的に回っているという状況です。

ほかにもリーダーの指示なしでメンバーが主体的に行動できているプロジェクトをたくさん見てきました。ここではこうした事例を基に、「指示なしチーム」を作るためのポイントを具体的に見ていきます。

指示なしで仕事が回っているチームの特徴として顕著なのは、**メンバー1人1人が「オーナーシップ」を持って仕事をしている**ことです。オーナーシップとは、仕事に対して当事者意識を持ち、主体的に取り組む姿勢やマインドのことです。「仕事＝指示されてやらされるもの」というマインドだと、いつまでも指示待ち型から脱却できません。

つまり、リーダーがメンバーに働きかけるポイントは、

ポイント①：仕事に対するオーナーシップを持ってもらう

ということです。メンバーがオーナーシップを持てば、リーダーがいちいち作業を指示しなくても、主体的に取り組んでくれるようになります。では、どうすればメンバーは自ら仕事に対して当事者意識を持ち、主体的に取り組むようになるのでしょうか？

ついメンバーに「もっと当事者意識を持て！」と言いたくなるかもしれません。しかし、こうした「もっと当事者意識を持て！」と言うこと自体が指示になってしまっていることに気づかないといけません。オーナーシップはメンバーへの命令によって醸成していくもので

はありません。
では、メンバーのオーナーシップはどのように醸成されていくのでしょうか？
オーナーシップは、まずそのメンバーがチームに加わる段階からスタートします。

「理念・ビジョン」と「意義・期待」を伝える

コンサル業界では、「プロジェクト」という単位でチームを形成して仕事を進めることが多いです。ここではプロジェクトに新規メンバーが参画する場面での例になりますが、私がリーダーとして新規メンバーを受け入れる際には、必ず「理念・ビジョン」と「意義・期待」を伝えています。

「理念・ビジョン」とは、仕事を進める上で大切にしていることや目標にしていることです。たとえば、「このプロジェクトは、お客様のサステナビリティ経営を実現させ、企業価値を向上させるという目標があります。私たちはこのプロジェクトを成功させることで、お客様に貢献し、信頼を得たいと思っています」という内容を伝えるのです。

こうしたプロジェクトの「Ｗｈｙ？」に該当する目的の部分、つまり、「なぜ私たちはこのクライアントを支援しているのか？」「なぜこのプロジェクトが立ち上がったのか？」「プロジェクトはどこに向かおうとしているのか？」——こうした理念やビジョンを伝えるようにしています。

では、なぜ理念やビジョンを伝えることが重要なのでしょうか？

理念やビジョンは、プロジェクトで行なう作業や意思決定の原点となり、すべてここにつながってくるからです。第2章で伝わる指示をするためには「手段優先型」ではなく「目的優先型」が有効だということをお伝えしました。作業にはいずれも目的があり、その目的を達成するために具体的な手段に落とすということです。つまり、メンバーが効率的に作業するためには、事前に作業の目的を理解しておくことが重要であり、目的の最上位概念となるのが理念やビジョンなのです。

このことがメンバーの中で腹落ちし、適宜こうした目的を再認識できるようになれば、リーダーの手を借りなくてもメンバー自身で計画を立てたり、作業の整合性を取ることができます。理念やビジョンは、メンバー自身が目的優先型の思考ができるようになるための非常に重要な情報です。

理念・ビジョンを伝える上で大切なことは、会社の利益のためとか、目標達成のためといっ

た自分たちの組織のことだけに着目するのではなく、クライアントが目指す姿を達成したときの姿や、クライアントの社会における企業価値が高まる姿がイメージできるような情報を伝えることです。

もう1つの「意義・期待」とは、そのメンバーがチームやプロジェクトに参画する意義や期待を伝えるものです。メンバーにオーナーシップを持って仕事をしてもらうためには、その仕事がメンバー自身にとって意義があり、自分の成長ややりがいにつながると認識してもらうことが重要です。

これが仕事を「やらされる」のか、自分自身やチームのために「自らやる」のかの違いとなり、メンバーにオーナーシップを持って仕事に取り組んでもらえるきっかけにもなります。

具体的には「この仕事ができるようになると、あなたが将来やりたいと言っていたＡＩ関連のキャリアにもつながってくる。そういう気持ちでぜひチャレンジしてもらいたい」といった伝え方です。

意義・期待を伝える上で大切なことは、「メンバー自身がどのような価値観で仕事をとらえているのか？」「どのような仕事をしたいのか？」「将来どのようなキャリアを目指しているのか？」といったことを理解しておくことです。その上で、これから行なう仕事がメンバーの価値観にどう関係するのか、また、この仕事を通じて達成してほしいことや現実的な目標などの期待を伝えることがポイントとなります。

「Our Task（みんなの仕事）」という概念を共有する

私がメンバーにオーナーシップを持ってもらう上で、意識してもらっていることがあります。それは与えられた仕事は**「個人の仕事」ではなく、「私たちチームの仕事」である**ということです。英語にすると「My Task」ではなく「Our Task」という考え方です。

一見オーナーシップが薄れてしまう気がするかもしれませんが、これまでの経験上、チームとして効率的に作業を進めていくには、この概念を共有することが一番効果的だと感じています。

私がまだ駆け出しのリーダーだった頃、各メンバーに依頼する作業にルールを設けていました。たとえば「Xに関連する作業はAさん、Yに関連する作業はBさん、Zに関連する作業はCさん」といった具合に、作業の分類と担当者を割り当てていたのです。つまり、メンバーそれぞれに「My Task」として認識してもらうように心がけていました。

そうすることで1つ1つの作業を適宜メンバーに指示しなくても、「この作業はYに関連するので、私がやっておきます」と、自らが関連する作業については、メンバー自身がオーナーシップを持って実施してもらえるようになりました。

ところがこの方法にも1つ問題がありました。オーナーシップに偏りを持たせてしまっていたのです。作業タスクの分類に基づいて担当者を紐づける方法は一般的ですが、一方で自分に関係ないタスクに対するオーナーシップが失われてしまうのです。

当時、この方法で作業を割り振っていたのですが、Xに関連する作業が一気に増えてしまい、Aさんの作業が手一杯になってしまいました。そこで比較的手が空いていたBさんに、Xに関連するタスクを手伝ってもらうようにお願いしたところ、「これはAさんのタスクですし、私はXのことはよくわからないのでできません」と断られてしまいました。Cさんも同様の回答だったため、結局私がその作業を巻き取りAさんをサポートしました。

また、それまではX、Y、Zという作業のパターンで担当を分担してうまく仕事が回っていましたが、新たにαというこれまでにない作業パターンが発生しました。このタスクを誰かに割り振ろうとしても「私はXの作業で忙しいのでαの作業を受けたくないです」といった具合に、誰も作業を引き受けてくれませんでした。

このように「My Task」として役割を与えてしまうと、そのタスクについては強いオーナーシップを持って行動をしてくれますが、同時に担当外のタスクに対しては「自分の仕事ではない」という意識が生まれてしまうことがわかりました。

そこで「メンバーに自分の仕事と自分以外の仕事として切り分ける視野をもう少し広く持ってもらいたい」「チームとして与えられたタスクにももっと着目してもらいたい」と思って、チームに導入したのが「Our Task」として取り組む意識です。

基本的には作業の種類やそのときの状況に応じて、誰かが主体的に作業を行ないます。ただ「Aさんが主担当だから私は関係ない」ではなく、あくまで「チームとして必要な作業を今Aさんがやってくれているだけ」という意識を持ってもらいます。

こうすることで、Xに関連する作業はAさんメインだったとしても、ほかのメンバーはAさんに任せ切りではなく、Aさんの作業報告を通じて理解しようと努めるようになりました。

この「Our Task」を浸透させたことで特に効果的だったのは、**チームメンバー同士でフォロワーシップを持つようになった**ことです。自分の作業が終わったら、周りのメンバーにも目を配って積極的に声をかけ合う。そういった行動が根づいたのです。

たとえば、「今Aさんのタスクがいっぱいで着手できないと思うので、代わりに私がやりますよ」といった具合に、メンバーが自ら名乗り出てくれます。それどころか、本来はマネージャ以上の仕事であるお客様への提案や契約に関する作業についても、私が忙しくて手が回っていない場面で「提案書を書くのを手伝いましょうか?」と声をかけてくれるようになりました。

このようなフォロワーシップの意識がチーム内に浸透してくると、コミュニケーションがより良くなり、このあとご紹介する心理的安全性の向上にもつながります。「Our Task」の意識でオーナーシップを持ってもらえるようにぜひ取り組んでみてください。

責任と権限を与える

メンバーにオーナーシップを持ってもらうために欠かせないのが、彼らに責任と権限を与えることです。メンバーができるだけ自分の裁量で仕事を進められるよう、ある程度の自由を与えます。作業を依頼する上では具体的な指示を出しすぎず、結果に対して責任を持たせることでオーナーシップを醸成します。

ここで難しいのは、仕事の習熟度が低いメンバーにどこまで責任と権限を与えるかです。その作業に対する知見が乏しいメンバーに責任や権限を与えてすぎてしまうと、かえってうまくいかなくなることがあります。

こうしたメンバーには、意義と期待を伝えるタイミングで「この仕事を通じて、経理業務についての理解を深めて、最終的には1人で仕事が回せるようになってもらいたい」などと伝え、最初のうちは一部の作業だけを任せたり、熟練者と一緒に作業を行なわせるなどして、習熟度が高まるまではサポートし続けます。できる作業が増えるにつれて、少しずつ任せる範囲を広げるようにします。

どこまでメンバーに関与するかは、第3章で解説した「状況対応型リーダーシップ」(115ページ)で解説した通りです。まだ知識や経験が浅いメンバーには具体的な作業まで指示します。概要だけ伝えれば自力で作業をしてくれるメンバーには、責任や権限を与えて作業全体を任せるようにします。

先ほどご紹介した「Our Task」の意識は、一見「みんなのタスクだし、最終的に誰かがまとめてくれるだろう」というオーナーシップから外れた考えを持ってしまいがちになります。ですので、まずは「自分に与えられた作業には責任を持つ」という意識を基本とし、その上で周りにも気を配れるフォロワーシップの精神を持つ。こうした意識を持って普段から作業ができるように誘導できれば、メンバーは勝手に育っていきます。

ただ1つ、リーダーが責任や権限を与える際に注意しておいていただきたいのは、責任と権限を与えている「つもり」になってしまわないことです。「この作業は君に任せた」と言っておきながら、彼らが作成した資料に対して「この考えよりも、私はこうしたほうがいいと思うんだけれどなあ」などという意見を言ってしまいがちです。このような意見は、メンバーにとっては指示になります。これでは、権限を与えている「つもり」でも、実権はリーダーが握ったままとなってしまっています。

あなたが若手社員だった頃を思い出してください。上司があなたに対して「これはあくまで私が思ったことなんで、別にそのままでいいんだけれど、もう少しこの表現を追加したらいいのではないかな」などと言われたらどう思いますか？

たとえ明確な指示でなくても「こうしたほうがいいのではないか」という上司の意見は、「こうしなさい」という指示に置き換わってしまいます。

もし、メンバーの考えが間違っている、あるいは違う方向に向かおうとしているのであれば、正しい方向を指し示すことが必要です。ただ、資料の表現や細かい作業順序にまで意見を出すべきではありません。これが責任と権限を与える上で重要なことです。

もし、どうしても気になる場合は、メンバーに対する言い方を工夫することで、オーナーシップを損なわずに意図した方向に進めることができます。その方法は、リーダーが「○○が良い」と意見を言うのではなく「今の表現だと、お客様が○○だと間違って解釈してしまわない？」といった具合に、**軌道修正が必要な理由を質問で伝え、メンバーに気づいてもらう**ことです。

「先に部長にアポを取っておいたほうがいいのではないか？」ではなく「いきなり本部長に持っていっても大丈夫かな？」とか、「Sさんは現状を知らないから先に現状の課題を書いておいたほうがいいよ」ではなく「今回の資料は誰に見せるのかな？」とか「Sさんはこの話をどこまで知っているの？」など、直接的に意見をするのではなく、質問を通じて気づいてもらう工夫が必要です。

質問をきっかけに自分で気づくことが、仕事を自分ごととして捉えることになります。ぜひ直接的な意見ではなく、間接的な質問を投げかけられるように工夫してみてください。

このようにしてメンバーに仕事に対するオーナーシップを持ってもらうことで、彼らは強い責任感を持って、自身の作業に対して主体的に取り組んでくれるようになります。ただ一方で、最初はモチベーション高く取り組んでいたとしても、責任感からくるプレッシャーや、「本当にできるのか」といった不安、「今の進め方で合っているのか」といった心配などがつきまとい、ストレスや負荷が増えてしまいがちです。

そこで、リーダーが取るべきもう1つの行動は、

ポイント②：オーナーシップを持ったメンバーに最高の環境を提供する

ということです。彼らが失敗を恐れず、自らの作業にチャレンジできるよう、リーダーは彼らを全面的に支援することが求められます。ではどのように支援すれば、メンバーは指示なしで自ら動いてくれるようになるでしょうか？

指示を出すのは簡単ですが、指示なしでメンバーが動く環境を提供するのは簡単なことではありません。ここでは、「最高の環境とはどのような環境なのか？ そうした環境を構築するにはどうすればいいか？」を見ていきましょう。

心理的安全性の高い環境を構築する

私の経験上、メンバーにとって最高の環境とは、心理的安全性が高い環境です。一時的にパフォーマンスを上げたいだけならモチベーションを高める方法を用いるのが効果的ですが、本来仕事とは、モチベーションで行なうものではありません。モチベーションという一時の感情だけで仕事をしてしまっては、パフォーマンスの波が激しくなり、チームとして常に良いパフォーマンスを出し続けることが難しくなります。

本書でも動機づけについていくつか解説しましたが、**本来あるべきは、モチベーションに頼ることなく、常に一定の高いパフォーマンスを維持し続けることです。**そのためには、感情を揺さぶるような環境、たとえば「この作業をミスしたら上司に叱られるかもしれない」といった、心理的に不安定になりそうな要素を極力排除し、メンバーが自由に自分の意見を伝えたり、問題を提起できるような環境を整えることが重要です。

では、どのようにすればチームの心理的安全性が高まるのでしょうか?

こうした環境は1日や2日で構築できるような簡単なものではありません。日々の行動を継続することで少しずつ周りも理解し、構築されていくものです。そのために私が普段から意識して行動していることを3つご紹介します。

①メンバーの意見・行動に感謝を示す

まず、最も簡単に実践できて効果的なのが、メンバーが何かしらの行動を取ってくれたことに対して感謝を示すことです。

「○○さん、対応してくれてありがとう。今日対応してくれたので本当に助かったよ」

こんな感じで、メンバーが主体的に行動してくれた、成果を出したということだけでなく、自分が依頼した作業をやってくれたときにも感謝の言葉を伝えます。

メンバーが求める承認には2つあるといわれています。それは、「レコグニション(recognition)」と「アプリシエーション(appreciation)」です。

レコグニションとは行動した結果、つまり成果や業績に基づいて肯定的なフィードバックを与えるものです。これは一般的によく行なわれている承認の形です。

一方アプリシエーションとは、何かを成し遂げたという成果や結果ではなく、その人そのものの価値を認め、感謝を伝えることです。

レコグニションを与えるためには承認するための成果・結果が必要になりますし、成果を出していないメンバーにはレコグニションを与えることができません。一方でアプリシエーションは価値を認めることなので、何かを成し遂げたかどうかは関係ありません。

ですから、その行動自体が成果・結果につながっていなくても、チームのために行動してくれたことに価値があり、その価値に対して感謝を伝えます。米グラスドア社の従業員感謝調査（２０１３年）によると、調査対象２０４４人のうち、「上司が仕事に感謝してくれると、より一生懸命働く意欲が生まれる」と回答した割合が81％でした。それに対して「上司が要求が厳しいと、より一生懸命働く意欲が生まれる」と回答した従業員は38％。２倍以上の開きがありました。

私はアプリシエーションの効果を知り、積極的に取り入れるようにした結果、メンバーやお客様との信頼関係を築きやすくなりました。

感謝を伝える上で、もし可能であれば「この作業をしてくれたおかげで、報告資料がうまくまとめられたよ」など、単に形式的な「ありがとう」「助かったよ」だけではなく、**メンバーの意見や行動がどのように助かったのかを具体的に伝える**ことも意識しています。

結果に対してではなく、日常から感謝を伝える――リーダーの方には日頃からぜひ積極的にかつ継続的に取り組んでいただきたいと思います。

② 失敗に対して寛容になる

メンバーに心理的安全性が高い環境だと認識してもらうためには、「失敗が許容される環境である」ことが重要です。そのためには、まずリーダーが失敗に寛容である必要があります。

これについては、頭ではわかっていながらも、実際に失敗されると感情的になってしまい、なかなか難しい——そんな方も多いのではないかと思います。しかし、ここでも重要なのが、先ほどのレコグニションとアプリシエーションを理解しておくことです。

承認にはレコグニションとアプリシエーションの2種類があるとわかっていれば、もしメンバーが失敗したとしても、次のように思考を転換できます。

・成果が出なかった → 評価できない（レコグニションの考え方）
・チャレンジした → 評価できる（アプリシエーションの考え方）

先ほどのレコグニションの説明で述べた「行動した結果、つまり成果や業績に基づいて肯定的なフィードバックを与えるもの」だけを見ると、うまくいったことに着目してしまい、逆の場合に言葉が出てこなくなることがあります。

では、作業をお願いして失敗してしまったらどうすればよいでしょうか？

メンバーを叱ったり、役割を簡単に変えてしまうと「次、失敗したら、また叱られるのではないか？」と不安を感じたり、自信を喪失してしまうかもしれません。心理的安全性という観点から望ましくありません。

望ましいのは、単に良い結果が出た、成果が出たというポジティブな状況だけでなく、ルーティンワークであれ、何であれ、メンバーがチームの一員として取った行動に対してフィードバックを行なうことです。

もちろん、仕事にはミスがつきものです。ミスは不注意や怠慢から生まれることもありますが、チャレンジして行動した結果、失敗してしまうということもあります。こうしたミスをただ叱るのではなく「結果的にミスしてしまったけれど、その考え方は良かったよ」とポジティブに受け取るように意識しましょう。

特にメンバーが自分の仕事にオーナーシップを強く持っていると、ミスしたことをずっと気にしてしまったり、汚名返上しようと焦ってしまい、かえってうまく行動できなくなったりすることがあります。そんなときは、**「どうすれば改善できるようになるか一緒に考えよう」とか「サポートするから安心して次もがんばってほしい」など、メンバーが過度に落ち込まないようにコミュニケーションを取りましょう。**

③ 常にオープンなコミュニケーションを意識する

チームビルディングに重要なのは、やはりコミュニケーションです。特にリーダーは、メンバーとできるだけ多く会話を交わし、メンバーが行き詰まることなく作業ができるようにサポートすることが重要です。

とはいえ、リーダーは忙しくてなかなか時間が取れないのも事実です。そのため、メンバーから声をかけられても「ちょっと今はムリ」と断ったり、作業の片手間に話を聞くということになりがちです。確かに、本当に手を離せないほど忙しいことはありますが、多くの場合は「自分の作業に集中できない」とか「時間を割くのがもったいない」といったリーダー自身の都合だったりします。また、メンバーの側も「リーダーはいつも忙しいからあまり声をかけないほうがよさそう」と思ってしまい、コミュニケーションを取りづらくなってしまうでしょう。

そうならないために、リーダーはどうするべきなのでしょうか？

それは**「ヒマそうにする」**ことです。そしてメンバーからの声かけにはすぐに反応することです。声をかけられたら、スマホを机の上に置いてください。ＰＣのモニタから目を離し、身体をメンバーに向けてください。また、リモートワークならすぐにチャット返信したり、必要に応じて1on1をしてください。

ヒマそうに振る舞うことはリーダーに求められるテクニックの中で最も難易度が高いものかもしれません。しかし、「何か質問があったら気軽に声をかけて」と言ってもメンバーが声をかけてくれない最大の理由が、リーダー自身が忙しそうにしているからなのは確かです。世の中に、忙しくないリーダーなどいません。それでも、メンバーがリーダーに声をかけやすくするためには、いかに忙しい状況を見せないか、余裕があるように見せるか――これが本当に重要です。

私自身もどちらかと言えば「自分の忙しい状況をみんなに知ってほしい」という感じで、「忙しいアピール」をしてしまうタイプでした。忙しいとつい「今日は1日中会議だから会話はできない」とか「今週も土日で提案を仕上げないといけない」といったことを、メンバーに何度も伝えてしまいがちです。ただ、それが繰り返されると、メンバーは「○○さんはいつも忙しいから、私の個人的な相談のためだけに時間を割いてもらうのは申し訳ない」となり、なかなか相談できません。

理想は**メンバーから相談されたら、本当は忙しくても「時間はあるよ」とか「今ヒマだよ」と言ってすぐに会話する**ことです。どうしても手が離せないときは「15時からだったら大丈夫だけれど、それでいい？」などと返事します。

そうするためには、第5章でご紹介したリーダー自身の時間管理の仕組みを取り入れて、最初からチームビルディングのための時間を確保しておき、チームのための時間をうまく活用することです。

このように、まずはリーダー自身が言葉のつかい方や行動を変えることで、メンバーが言いたいことを言える心理的安全性が高い環境を構築できるようになります。

メンバー間の信頼関係を強める

チームとして作業を行なう上で、メンバー1人1人が、心理的安全性が高い環境で働くことは非常に重要です。そのためにリーダーが率先して行動を変え、チームメンバーに訴求していくという例をご紹介しました。ただメンバー個人が意見を言いやすい環境だったとしても、メンバーが複数いると、彼らの間で問題が起こったり、コミュニケーションがうまくいかなくなることもあります。そのために必要なのが、メンバー間の信頼関係の強化です。

リーダーはできるだけフラットに、公平な目でメンバーを見ようとしているつもりですが、メンバーの側からは必ずしもそのようには見えていません。人によっては「何で自分だけこんなに大変な作業をさせられているの？」といった被害者意識を抱いてしまうことも少なくはありません。

さまざまな価値観を持つ多様なメンバーの中で、メンバー1人1人がチームやほかのメンバーのために行動するためには、メンバー間の信頼関係が必要です。

ここでも、私がチームビルディングにおいて、メンバー間の信頼関係を強化するために普段から意識的にやっていることを3つご紹介します。

①チームメンバーの価値観・働き方をお互いが知る

まず私が心がけていることは、チームの各メンバーが、それぞれ仕事に対してどのように考えていて、どのような働き方を求めているかを知ることです。

かつては「リーダーがメンバーに対して同じ価値観・働き方を示して牽引することで、チームに一体感が生まれ、パフォーマンスが上がる」といわれていました。しかし、こうした支配型リーダーシップは、現在の多様化した価値観を持つチームでは効果を発揮しないケースも多いことは、これまでに述べた通りです。

現在求められるのは、リーダーとメンバーを含むチーム全員が「人はみんな違う」ということを理解した上で、**お互いの異なる価値観や働き方を補完し合いながら、チームとして最適なパフォーマンスを発揮する**ことです。そのために必要なことが、「チームにはどのような価値観を持ったメンバーがいるのか?」をリーダーだけではなく、メンバー全員が知ることです。

現在、私が所属するファームは、クライアント先での作業、あるいは100%リモート作業など、お客様の働き方やプロジェクトの内容に応じてさまざまな勤務形態を採用しています。クライアント先にメンバーが常駐して作業をする場合は、メンバー同士が直接会話する機会も多いので、コミュニケーションは取りやすいでしょう。

しかし、100%リモートワークの場合は、短い時間でもよいので、できるだけ毎日どこかでメンバー全員がオンライン上で集まって会話できる時間を設定するようにしていきます。たとえば、「朝は私用で時間が取れない」というメンバーがいたら、午後に設定することもあります。

日々メンバー同士で集まって会話をすることで、少しずつ各人の働き方の特徴が見えるようになります。私がこれまで経験した中でも次のような人たちがいました。

・お子さんの保育園の送迎で朝と夕方は時間が取れないメンバー
・主婦業とのかけ持ちのためリモートワーク以外できないメンバー
・個人的な活動のため原則定時までしか働けないメンバー

・過去の病気などが原因で、仕事をセーブしているメンバー
・夫が外国籍で、毎年1カ月ほどはアメリカで作業をするメンバー

家族構成や価値観が異なれば、当然働き方も異なります。リーダーはもちろん、メンバーも同僚の価値観やライフスタイルを理解し、その上でお互いフォローし合えるという状態を目指すことが重要です。

②建設的な意見の対立を求める

チーム結成当初、メンバー同士が「お互いがどのような価値観を持っているのか」を探っている間は問題は起こりません。しかし、メンバー同士がお互いを理解していく過程においては、少なからず意見の対立が起こります。特に多様なメンバーが集まるチームでは、相手の働き方や価値観に対する不公平感などを感じてしまい、感情的に接してしまう場面もあったりします。ただ、こうした**意見の対立は、お互いの信頼関係を構築する上では避けて通れないフェーズである**ことをリーダーは理解しておく必要があります。

アメリカの心理研究学者タックマンは、1965年に「タックマンのグループ開発の段階」という理論を発表し、その中でチームは次の4つのプロセスをたどると述べています。

（1）形成期（Forming）：メンバーが集まった状態、皆が様子を見ている状態
（2）動乱期（Storming）：お互いの意見が対立し、混乱する状態
（3）統一期（Norming）：お互いの考えが理解でき、認識を共有できる状態
（4）機能期（Performing）：お互いの考えを考慮した上で、行動できる状態

チームの結成当初は、まだお互いがどのような価値観の持ち主なのかわからないため、互いに遠慮しながら仕事を進めていくことになります。相手の価値観が見えてくると、価値観の違いからどうしても一時的な対立が生じてしまいます。その後お互いの価値観の違いを理解し、受け入れることができることで、パフォーマンスを発揮できる機能期に到達することができます。

これを理解した上でリーダーがメンバーに対して伝えておくべきことが5つあります。

・パフォーマンスの高いチームを形成する上で、意見の対立は必ず起きるということ
・あくまで仕事を進める上での意見の相違であり、お互いの人格否定はしないこと
・1人1人価値観が異なることは当然であり、お互いの価値観を認めること
・自分の意見を伝えるだけでなく、相手の考えも理解すること
・周囲に忖度《そんたく》して自分がガマンすることなく、自分の考えや価値観も伝えること

リーダーは、メンバー同士が仕事において激しく意見を交換しても、違う話題になったらすぐに気持ちを切り替えて引きずらないような関係の構築を目指し、メンバーをフォローしましょう。

③ ほかのメンバーを積極的にサポートするよう働きかける

メンバー同士が信頼関係を高めるには、あるメンバーが困っているときなどに、お互いフォローし合える関係を構築しておくことが重要です。

たとえば、「急な体調不良で定常作業が行なえない」「作業が期日間際で助けがほしい」といった場面で、ほかのメンバーが「今やっているタスクが急ぎではないので、手伝います」と自ら手を挙げるような関係だと、安心して仕事に取り組めます。

そのためにはまず、リーダー自身が率先してメンバーの作業をサポートすることです。メンバーの急な体調不良の場合でも「ここまで資料を作ってくれてありがとう。あとは私がやるから、まずはゆっくり休んで」と、体調回復に専念するように伝えます。

このように相手から好意を受けると、人はお礼をしたくなるものです。これを「返報性の原理」といいます。つまり、お互いのフォロワーシップは、「持ちつ、持たれつ」の関係を繰り返すことで「この前は助けてもらったから、次は助けてあげよう」という感情が生まれ、メンバーも進んでほかの人をサポートしてくれるようになります。

そのためにはメンバー1人1人が、仕事に対してオーナーシップを持っていることも重要です。特にチームに「My Task（自分の仕事）」ではなく「Our Task（みんなの仕事）」の考えが浸透していると、よりメンバー同士がサポートしやすくなります。

もし、メンバーの体調不良のような事態が起こったとき、理想はほかの誰かが「私がやりますよ」と名乗り出てくれることです。しかし、ほかのメンバーも仕事を抱えているため、積極的に手を挙げてくれないこともあります。こんなときはリーダーが「Aさん、この作業フォローしてもらっていい？」とお願いをして受け入れてもらうことです。もちろんAさん自身の作業については、リーダーがフォローをします。このようにチームとして前に進めるようにメンバーに働きかけていくことで、お互いの信頼関係が少しずつ強化されます。

こうしたチーム作りは最初は時間がかかります。ただ3カ月以上のプロジェクトを実施するときは、できるだけこうしたチーム作りを意識してみてください。最初はリーダー自身の負担が大きくなりますが、チーム全体のパフォーマンスが上がってくると、リーダーはメンバーのフォローや先を見据えた仕事に取り組めるようになります。まずはご自身ができることから1つずつ取り入れてみてください。

おわりに

最後までお読みいただきありがとうございます。現代のハイブリッドな職場環境において、リーダーの役割はますます複雑化しています。「単に指示を出すだけではチームを効果的に動かすことができない」といった状況に直面している方も多いでしょう。本書を通して、リーダーシップの本質は、単なる指示や管理だけでなく、メンバーと信頼関係を築き、彼らの力を最大限に引き出すための仕組み作りにあることをお伝えしていまいりました。

本書は私自身の実体験を基に、すでにリーダーとして活躍されている方、またこれからリーダーになる方に向けて、できるだけ具体的なノウハウまで落とし込んでお伝えしました。しかしビジネスに正解がないように、リーダーシップにも正解はありません。私がお伝えしたことがまったく通じない現場もあれば、従来の支配型リーダーシップのほうが有効な職場もあると思います。なので大事なことは、本書の内容も参考にしていただきつつも、「自分がどう行動すればチームのパフォーマンスを最大化できるのか？」を常に自問し、自分自身の考えや行動をアップデートし続けることです。

技術が年々進化していくのと同時に、私たち周辺のコミュニケーションツールやビジネス環境、ライフスタイルや価値観も常に変化し続けていきます。リーダーとして、チームを動かすためには「相手を変えようとするのではなく、まず自分が動くこと」といった本質は変わらないものの、「では、自分がどう動けばよいのか？」という手段は作業環境やメンバーの状況などに応じて常に変化させていかなければなりません。

「リーダーとしてこうあるべきだ」という価値観を大切にしながらも、ときには支配型、ときには支援型といったリーダーシップのタイプを切り分けたり、相手によってSL理論を用いて指示型、コーチ型、支援型、委任型と使い分けたりといった柔軟性を持つことが大切になってきます。

このようにリーダーには大きな役割が求められます。しかしリーダーシップは「自己犠牲」や「自らがすべてを背負う」ことではありません。本来リーダーは孤独な一匹狼ではなく、チームメンバーの一員であるべきです。

最後に1つ、私自身の経験から学んだ教訓をお話しさせてください。私もリーダーとしてのキャリアをスタートした当初は多くの困難に直面していました。「仕事を納期通り納めなければいけない」「品質の良いものを作らなければいけない」「メンバーに負荷をかけすぎてはいけない」――もともと責任感が強かった私は、人に頼ることなく、「リーダーである自分が何とかしなければ」という思いで毎日必死に働いていました。

得てしてリーダーやプロマネといった役割は、立場上孤独になりやすいポジションです。最終的な責任を負うため、意思決定や方向は自分が決めることが多くなるからです。

今思うと、当時は必死で余裕がなかったです。毎日本当に辛かったです。当時私がリーダーをしていたプロジェクトで唯一そんな私の状況を理解してくれていた人がいました。その人は私のチームメンバーでしたが、私より年上の大先輩で、ベテランのエンジニアの方でした。その方の一言が、私のリーダーとしての考えを大きく変えてくれたのです。

その方に言われた言葉がこれです。

「俺らチームなんだから、そんな1人で抱え込まなくてもいいんだよ」

リーダーとして責任感を持つことは大切です。でも「自分が何とかしなければ」という思いは、裏返せばメンバーのことを十分に信頼できていないことにはならないでしょうか？　チームが自動で回る仕組みを、自分1人で作ろうとしてしまっていないでしょうか？　自分1人で作った仕組みは、自分がいなくなっても回り続けるのでしょうか？

私がこうした経験から学んだこと、それは「リーダーは弱みを見せていい」ということです。良いチームは自分1人で作るものではなく、メンバーと一緒に作っていくものです。最終的な責任はリーダーが負うという立場ではありますが、リーダーとして責任感を持ち、メンバーと真摯に向き合い、コツコツ丁寧に仕事を続けていれば、メンバーは必ずあなたの背中を見てくれています。そしてあなた自身が困ったときには、必ず助けてくれます。まずは1人で抱え込まずにメンバーをもっと信頼することを心がけてください。

最後に、リーダーシップは決して一朝一夕で身につくものではありません。日々の実践の中で、少しずつ磨かれていくものです。失敗を恐れず、メンバーとともに成長する過程を楽しんでください。リーダーとしてのあなたの成長が、チーム全体の成長につながり、最終的には大きな成果を生み出す原動力となるでしょう。

これからのあなたの活躍を心から応援しています。

２０２４年10月　しゅうマナビジネス

しゅう マナビジネス

大阪府出身。ITソフトウェア企業に入社後、経済産業省プロジェクトマネージャ試験、国際資格PMP®(Project Management Professional)などを取得。プロジェクトマネジメントの専門家として大手システム開発プロジェクトにプロジェクトマネージャとして複数携わる。その後、総合系コンサルティングファームに転職。現在は経営管理・IT領域を中心としたコンサルティング業務に従事。コンサル業と並行してプレゼンや思考法の専門家としてセミナー講師などで活動。YouTubeチャンネル『マナビジネス』では「学び」+「ビジネス」をテーマに現場で使える仕事術についての情報を発信している。

YouTubeチャンネル『マナビジネス』　https://www.youtube.com/@manabusiness
X(旧Twitter)　@manabi_business

なぜ、あなたの指示は伝わらないのか?
——メンバーの力を最大限に引き出す「伝え方」「任せ方」のコツ

2024年12月25日　第1版第1刷発行

著者　しゅう マナビジネス
発行所　WAVE出版
〒136-0082　東京都江東区新木場1-18-11
Email　info@wave-publishers.co.jp
URL　http://www.wave-publishers.co.jp
印刷・製本　中央精版印刷

ISBN978-4-86621-503-7

NDC336　223p　19cm